JUM 성경읽기표와 함께 하는

일독큐티

JUM 성경읽기표와 함께 하는 일독 큐티 1월-3월

초판 1쇄 발행 2015년 12월 25일

지은이 문정웅

펴낸이 박종태
펴낸곳 비전북
출판등록 2011년 2월 22일 제396-2011-000038호

주소 경기도 고양시 일산서구 송산로 499-10(덕이동)
전화 (031)907-3927
팩스 (031)905-3927
이메일 visionbooks@hanmail.net

책임편집 강인구
디자인 참디자인(02-3216-1085)
마케팅 강한덕, 임우섭
관리 정문구, 맹정애, 강지선, 김병수, 김기범
인쇄 및 제본 예림인쇄

공급처 (주)비전북
전화 (031)907-3927
전화 (031)905-3927

ISBN 979-11-86387-12-2 (03230)
979-11-86387-11-5 (04230) 세트

JUM 성경읽기표와 함께 하는

일독 큐티

1월–3월

문정웅 지음

믿음을 지키고 신앙의 위기에서 빠져나올 때도 말씀 외에는 방법이 없습니다.

신앙생활을 십 년을 해도 성경을 한 번도 전체적으로 읽지 못한 경우가 많습니다. 교회의 새벽예배와 주일예배 그리고 성경공부가 뒷받침되지 않으면 성경일독은 바쁜 현대 사회의 구조 속에서는 실천하기 어려운 일입니다. 목회자라 할지라도 자신에게 익숙한 본문을 중심으로 설교하다 보면 성도님들께는 말씀을 읽으라고 권하지만 정작 자신은 일에 치우치는 경우도 있습니다.

비전북

차 례

3월 예배 worship 여호수아 1장 – 사무엘하 24장 • 141

구원을 보는 눈 · 아골 골짜기 · 분별력이 필요하다 · 이 산지를 내게 주소서 · 피할 성 · 한 명이 천 명을 쫓으리라 · 옷니엘, 에훗, 삼갈 · 비우는 전쟁 · 가시나무왕 · 하나님과의 비밀은 말하지 말라 · 보지도 듣지도 못하니라 · 다시 기도 · 정직한 결정 · 다시는 근심이 없더라 · 에벤에셀의 하나님 · 아직 모르다 · 순종이 제사보다 낫다 · 진정한 승리 · 요나단의 위대한 사랑 · 응답과 고난 · 앞서 가지 않는 믿음 · 품고 가는 믿음 · 사울의 죽음 · 두 왕의 차이 · 하나님과의 대화 · 믿음의 유산 · 아름다운 동행 · 내부의 적 · 가시의 의미 · 사랑의 범위 · 진정한 예배자

서문

신앙생활을 십 년을 해도 성경을 한 번도 전체적으로 읽지 못한 경우가 많습니다. 교회의 새벽예배와 주일예배 그리고 성경공부가 뒷받침되지 않으면 성경일독은 바쁜 현대 사회의 구조 속에서는 실천하기 어려운 일입니다. 목회자라 할지라도 자신에게 익숙한 본문을 중심으로 설교하다 보면 성도들에게는 말씀을 읽으라고 권하지만 정작 자신은 일에 치우치는 경우도 있습니다. 그렇게 우리는 구조적으로 바쁘게 돌아가는 현실에서 변명거리를 찾게 됩니다.

그러나 사도들이 결단하고 말씀에 매진하는 구조로 교회를 바꾼 것처럼 신앙생활에도 변화가 필요합니다. 그것이 바로 〈일독 큐티〉와 JUM 성경읽기표입니다. 이것을 이용하면 교회의 일 년 행정과 말씀 준비가 굉장히 수월해집니다. 무엇보다도 성경을 편식 없이 전체적으로 모두 읽고 나누게 됩니다. 〈일독 큐티〉는 JUM 성경읽기표를 통하여 교회의 영적 성장과 행정의 단순화를 이루기 위하여 오랜 현장 연구와 적용을 통하여 탄생하였습니다. 〈일독 큐티〉는 말씀을 읽고 깨닫고 행하는 것이 신앙의 중심이 되도록 성도님들을 돕기 위한 교회의 노력입니다.

〈일독 큐티〉는 JUM 성경읽기표의 날짜별 말씀 중에서 그날의 본문을 정하고 나눌 수 있도록 구성되어 있습니다. 주일예배와 새벽예배에 동일하게 적용하고 절기에도 활용할 수 있습니다. 특히 주일 말씀은 성경공부에 쓰기 가장 좋은 교재입니다. 왜냐면 이미 한 번 목사님을 통해 말씀을 들었기 때문에 나눔에 시간을 더 할애하고 깊이 새길 수 있기 때문입니다.

누구나 표 안에서 본문을 선택하고 구성하여 창의적으로 만들 수도 있습니다. 표에 나와 있는 말씀의 순서대로 교회의 모든 새벽예배와 주일예배 그리고 성경 공부가 일관성 있게 진행됩니다. 그래서 표대로 꾸준히 읽으면 성경을 일 년에 일독할 수 있도록 구성되어 있습니다. 그리고 1월 1일에 창세기를 시작으로 12월 31일 요한계시록으로 마치고 다시 돌아가기 때문에 매년 더 깊어지는 교회의 영성과 말씀의 깊이를 체험하게 됩니다. 이것은 이미 6년 동안 검증되었습니다.

믿음을 지키고 신앙의 위기에서 빠져나올 때도 말씀 외에는 방법이 없습니다. 말씀을 읽고 믿음에 서 있는 성도들이 신앙을 지키고 교회를 지키고 가정을 지킵니다. 교회에 위기가 왔을 때 JUM 성경읽기표와 일독 큐티를 통하여 말씀으로 승리하여 끝까지 교회를 지키시는 모습을 보았습니다. 말씀이 회복되야 기도가 회복되고 영적인 성숙이 일어납니다. 문제없는 교회나 인생은 없지만 그것을 이겨내는 길은 말씀 속에 있습니다. 이 책이 조금이나마 그 길에 도움이 되시기를 간절히 바랍니다.

저자 문정웅

감사의 글

먼저 이 책이 있도록 쓰시고 인도하신 오직 하나님만이 영광 받으시기를 소원합니다. 하나님이 주신 마음으로 어려움 속에서도 꿋꿋이 함께해 준 고수현 사모와 사랑하는 딸 예주, 예나에게 감사와 사랑의 마음을 전합니다.

특히 한순간도 빠짐없이 기도와 사랑으로 키워 주시고 희생해 주신 나의 사랑하는 아버지 문수근 목사님과 어머니 전순희 사모님께 존경과 사랑의 말씀을 드립니다. 그리고 때마다 격려와 사랑으로 목회에 돌봐주신 아버지 고진곤 장로님과 어머니 김명희 권사님께 진심으로 감사드립니다.

나에게 평생 친구이자 동료이자 내 몸 같은 동생 문영재 목사님과 고은미 사모와 우리 사랑하는 예목이, 예형이에게도 사랑의 마음을 전합니다. 그리고 고석붕 집사와 윤세라 집사 그리고 찬영이, 예영이에게도 사랑의 마음을 전합니다.

특별히 이 책이 있기까지 기다려 주시고 믿음으로 함께해 주신 박종태 장로님의 수고가 있었기에 이렇게 〈JUM 성경읽기표와 함께 하는 일독 큐티〉가 한 교회가 아닌 많은 교회들을 섬기는 도구가 될 수 있었습니다. 진심으로 존경과 감사의 마음을 드립니다. 더불어 아름다운 디자인으로 옷을 입혀 주신 강인구 실장님께도 감사의 마음을 드립니다.

이 책은 혼자만의 힘으로 나오지 않았습니다. 말씀의 가지를 가지런히 정리해 준 김요한 전도사의 동역이 너무나 큰 힘이 되었습니다.

그리고 묵묵히 기도로 함께해 주신 새벽예배자 성도님의 사랑과 정성이 많은 힘이 되었습니다. 특히 모든 내용을 함께 구성해 준 문수근 목사님과 문영재 목사님의 함께한 수고가 이렇게 탄생한 원동력이 되었습니다. 믿고 끝까지 함께해 주신 분들께 감사의 말씀을 드립니다. 그리고 앞으로도 계속해서 나오게 될 모든 일독 큐티를 통해 하나님과 함께하신 모든 독자님들께 감사의 마음을 드립니다.

저자 문정웅

1월

사랑

love

창세기 1장 - 출애굽기 40장

JUM 성경읽기표

• 1월 •

1	창세기 1-3장	
2	창세기 4-6장	
3	창세기 7-9장	
4	창세기 10-12장	
5	창세기 13-15장	
6	창세기 16-18장	
7	창세기 19-21장	
8	창세기 22-24장	
9	창세기 25-27장	
10	창세기 28-30장	
11	창세기 31-33장	
12	창세기 34-36장	
13	창세기 37-39장	
14	창세기 40-42장	
15	창세기 43-45장	
16	창세기 46-48장	
17	창세기 49-50장	
18	출애굽기 1-3장	
19	출애굽기 4-6장	
20	출애굽기 7-8장	
21	출애굽기 9-10장	
22	출애굽기 11-13장	
23	출애굽기 14-16장	
24	출애굽기 17-19장	
25	출애굽기 20-22장	
26	출애굽기 23-25장	
27	출애굽기 26-28장	
28	출애굽기 29-31장	
29	출애굽기 32-34장	
30	출애굽기 35-37장	
31	출애굽기 38-40장	

1월

1

하나님의 형상

일독 성경 창세기 1장 26-31절(창세기 1-3장 中)

말씀의 씨앗

씨앗말씀 · 오늘 내게 심어진 한 절 말씀

하나님께서 자신의 형상을 따라 사람을 만드셨습니다. 하나님은 자신을 우리라고 표현하십니다. 성부, 성자, 성령 하나님을 말씀하시는 것입니다. 사람은 삼위일체 하나님의 형상대로 지음 받았습니다. 아버지처럼 세상을 창조하신 무한한 지혜와 사랑의 마음을 가졌습니다. 성자 예수님처럼 철저한 순종과 헌신과 사랑의 마음을 가졌습니다. 성령님처럼 은혜와 사랑에 감사하며 열매를 맺는 삶을 살게 됩니다. 우리 안에 이처럼 아름다운 형상을 허락해 주셨습니다. 그래서 하나님은 심히 좋다라고 표현하셨습니다. 이것은 잘생겼다 멋지다라는 것이 아닌 흡족하다라는 것입니다. 우리가 어떠한 모습, 조건이라 할지라도 우리를 만드신 하나님은 우리를 보시며 이렇게 말씀하십니다. 내 마음이 심히 좋다. 이제 자신을 보며 실망하던 마음을 거둘 때가 됐습니다. 용기를 가지고 하나님이 만드신 형상을 회복할 때입니다. 더 이상 죄와 사망의 법이 나를 찾지 못하게 철저히 버리고 하나님의 거룩한 형상대로 지음 받은 존재임을 깨달을 때입니다. 하나님은 우리로 생육하고 번성하고 충만하고 정복하고 다스리도록 힘과 지혜를 주셨습니다. 이것은 밖을 향한 말씀이 아니라 나를 향한 말씀입니다. 누군가를 정복하고 다스리는 것이 아니라 나를 먼저 돌아보고 다스릴 때에 하나님의 도구로 쓰임받게 됩니다. 그리고 예수 그리스도로 말미암아 다시 새롭게 부여된 사명을 감당합니다. 너희는 나가서 땅 끝까지 복음을 증거하라. 생명과 진리와 진정한 사랑을 전할 수 있는 축복은 그것을 귀하게 여기는 사람의 눈에만 보입니다. 하나님이 만들어주신 모습 그대로 강건함을 힘입어 승리하는 삶이 되기를 소망합니다.

말씀의 가지

'창세기'라는 명칭은 2장 4절의 "하늘과 땅을 지어내신 순서는 위와 같다"라는 말에서 유래한다. 히브리어 성서에서는 이 책 최초의 말씀 '처음(태초)에'를 그 명칭으로 하고 있다. 야훼 자료, 엘로힘 자료, 제사자료의 세 가지 자료로 이루어졌으며, 크게 2부로 나눌 수 있다. 제1부는 태고사(1-11장)로서 만물의 기원을 기록하고 있다. ① 세계와 인류의 창조(1-2장), ② 죄의 기원과 낙원 추방(3장), ③ 문명의 기원과 사람의 증가(4-5장), ④ 노아의 홍수 이야기(6-9장), ⑤ 히브리인의 기원 및 바벨탑(10-11장)이며, 제2부는 족장사(12-50장)이다. ① 아브라함의 생애(12-25:18), ② 이삭의 생애(25:19-28:9), ③ 야곱의 생애(28:10-36장), ④ 요셉의 생애(37-50장)이다. 이 책은 역사적인 기술이 아니며, 그 편집자가 의도하는 방향은 이스라엘 민족의 역사가 인류 구제사의 근간을 이루는 것이며, 야곱의 가계가 이스라엘 민족의 중심이라는 것을 말하고 있다.

(두산백과, "창세기" https://www.doopedia.co.kr)

말씀의 꽃 · 나만의 일독 큐티

말씀의 열매 · 기도제목

1월

2 진정한 소망

일독 성경 창세기 6장 5-22절(창세기 4-6장 中)

말씀의 씨앗

씨앗말씀 · 오늘 내게 심어진 한 절 말씀

하나님은 사람들의 생각과 행함이 악함을 보시고 근심하셨습니다. 더는 그냥 둘 수 없는 상태가 되었습니다. 그래서 물로 사람을 심판하기로 결정하셨습니다. 그때 한 사람 노아만이 선택을 받아 살아남게 됩니다. 노아를 당대에 의인이요 온전한 자라고 말씀하십니다. 그리고 하나님과 동행하는 사람이었음을 말씀해 주십니다. 많은 이들이 스스로 자신이 잘하고 있다고 생각하나 진정한 의는 하나님과 동행하는 것입니다. 그리고 그 사람은 하나님의 소망이 됩니다. 세상 사람을 모두 심판하셔도 하나님이 희망을 가지신 것은 노아가 있었기 때문입니다. 노아는 세상의 어떠한 평가와 판단에도 굴하지 않고 열심히 방주를 짓습니다.

이것이 하나님과 동행하는 사람의 모습입니다. 이것이 순종입니다. 세상이 어둠이라 하여도 그 한 사람으로 말미암아 하나님은 희망을 가지십니다. 이제는 밖에서 희망을 찾을 때가 아닙니다. 환경과 조건 때문에 지칠 필요가 없습니다. 하나님을 의지하고 믿음으로 동행하는 것이 하나님의 축복을 누리는 것입니다. 그리고 연약한 우리가 온전함을 입는 유일한 길입니다. 세상에서 소망을 찾는 사람은 세상 때문에 지치지만 내 안에서 소망을 찾는 사람은 예수 그리스도로 말미암아 용기를 가질 수 있습니다. 하나님을 바라보면 감사할 것밖에 없습니다.

하나님의 유일한 소망으로 말씀대로 순종하며 하나님과 동행한 노아의 모습이 우리의 삶 가운데 나타나기를 기대합니다.

말씀의 가지

성경을 믿는 과학자들은 아리조나주 하천의 협곡들은 극도로 빠르게 그리고 격변적으로 형성됐으며, 이는 창세기에 기록된 대홍수의 결과라고 주장한다.

(한국 창조 과학회 http://www.kacr.or.kr)

참고문헌: 스티브 오스틴, "어떻게 그랜드 캐년이 침식됐는가?"

Steve A. Austin, Grand Canyon: Mounnment to Catastrophe, Institute for Creation Research, Santee, CA 1994

(Perkins, S. 2004. 'Quick Bite.' Science News, Vol.166; no.4.)

말씀의 꽃 · 나만의 일독 큐티

말씀의 열매 · 기도제목

1월

3 방주 이야기

일독 성경 창세기 7장 1-16절(창세기 7-9장 中)

말씀의 씨앗

씨앗말씀 · 오늘 내게 심어진 한 절 말씀

하나님께서 노아에게 방주로 들어가라고 말씀하십니다. 너와 네 온 집이 들어가라고 말씀하십니다. 방주는 하나님 말씀대로 만들었습니다. 땅의 기식하는 동물을 모두 넣어야 합니다. 어떤 사람들은 그 많은 동물들을 어떻게 넣냐고 의심하며 비판합니다. 그러나 세상에 동물이 많은 것 같지만 종류로 따지면 충분히 담을 수 있습니다. 아마 이렇게 묻는 사람들이 있을 것입니다. 코끼리는 어떻게 넣습니까? 기린은 어떻게 넣습니까? 코뿔소는 어떻게 넣습니까? 그러나 새끼도 동물입니다. 아기 코끼리는 강아지와 다르지 않습니다. 150일 동안에 배가 넘치도록 자라지는 않겠죠. 동물이 들어간 것도 노아가 들어간 것도 방주가 아니라 하나님의 말씀을 따라 믿음으로 들어간 것입니다. 노아가 당대의 의인이기 때문에 받은 축복입니다.

도저히 이해할 수 없는 바보같은 일이 하나님이 하신 명령일 때 세상의 기준으로는 실망하겠지만 믿음의 사람은 그럼에도 불구하고 하나님을 믿음으로 기뻐할 수 있습니다. 노아는 70-90년 가까이 배를 만들었습니다. 그리고 그 배는 딱 150일 사용했습니다. 우리가 노력하고 수고하는 것이 한 달이면 한 달만큼 댓가가 필요한 것이 세상의 셈입니다. 그러나 믿음의 셈은 하나님이 원하시는 대로 짧으면 짧은 대로 길면 긴 대로 하나님이 원하시는 것을 먼저 생각합니다. 인내하며 그렇게 오랜 시간을 보냈지만 그 짧은 순간에 많은 일을 감당하기 위하여 하나님이 준비시키신 것입니다. 우리는 고민하거나 실망하지 않고 그 믿음의 경주를 끝까지 달려야 합니다. 1등도 아니고 2등도 아니고 끝까지 온 사람에게 주시는 면류관이 있습니다. 하나님은 이 시대에 노아를 찾고 계십니다. 우리가 하나님이 찾으시는 믿음의 사람이 되기를 기도합니다.

말씀의 가지

1. 노아의 방주는 하나님께서 직접 설계하여 사람의 손을 통해 만드신 인류 최초의 대형 구조물! 방주는 항해용 선박이 아니라 물 위에 떠있는 짐배*였다. 양이 많고 먼 거리로 옮겨야 하는 짐 운반용, 뱃전이 높고 바닥이 넓어서 많은 짐을 수용할 수 있었다.

2. 길이 300규빗**(약 135m), 너비 50규빗(약 22.5 m), 높이 30규빗(약 13.5m)

* 양이 많고 먼 거리로 옮겨야 하는 짐 운반용, 뱃전이 높고 바닥이 넓어서 많은 짐을 수용할 수 있음.

** 규빗(Cubit): 치수의 단위로 보통 사람의 중지 끝에서 팔꿈치까지의 길이 약45cm

(네이버 지식백과 naver.com)

말씀의 꽃 · 나만의 일독 큐티

더 생각해 보기

1. 노아가 사람들의 비난 속에서 순종할 수 있었던 이유는 무엇일까?
2. 노아가 의로움을 인정받을 수 있었던 이유는 무엇일까?(1절)
3. 사십 주야 비 속에서 방주 안에 사는 기분은 어떠했을까?(6-12절)
4. 지금 내 삶에서 하나님께서 요구하시는 순종에는 어떤 것들이 있는가? 나는 지금 그 뜻에 온전히 순종하고 있는가?

1월

4 가나안 땅

일독 성경 창세기 11장 27-12장 5절(창세기 10-12장 中)

말씀의 씨앗

씨앗말씀 · 오늘 내게 심어진 한 절 말씀

갈대아 우르에 데라라는 사람이 있었는데 그에게는 아브람과 나홀과 하란이라는 아들이 있었습니다. 데라는 가나안 땅으로 가고자 결심하고서 아브람과 손자 롯을 데리고 떠납니다. 롯은 젊어서 죽은 하란의 아들입니다. 데라는 이동 중 하란이라는 곳에서 정착하여 205세에 죽습니다. 하란에 있을 때 하나님이 아브람에게 나타나셔서 본토 친척 아비 집을 떠나 지시할 땅으로 가라고 말씀하십니다. 하나님이 지시하신 땅은 바로 가나안이었습니다. 아버지 데라가 향하던 곳과 같은 곳입니다.

아브람은 가나안에 들어갑니다. 데라는 이동하는 중에 하란에서 죽었고 아브람은 결국 가나안으로 들어갔습니다. 아브라함에게 본토 친척 아비 집을 떠나라고 하신 말씀의 의미는 아버지의 품을 떠나라는 것이 아니었습니다. 아버지 데라는 이미 죽었습니다. 그것은 하나님의 명령에 대한 순종이었습니다.

같은 곳을 가고 있고 같은 일을 하더라도 하나님이 원하시는 것이 무엇인가가 중요합니다. 하나님의 사람은 하나님이 계획하신 곳에 들어가는 사람입니다. 예수님으로 인하여 죄악의 십자가가 생명과 용서의 십자가로 변화된 것처럼 지치고 지루했던 하루의 삶이 하나님의 것임을 인정할 때 승리와 기쁨의 시간으로 바뀌게 됩니다. 오직 하나님의 은혜를 누리고 승리하는 삶이 되기를 소망합니다.

말씀의 가지

갈대아 우르의 현재 지명은 '텔 무가이어'이다. 이곳은 B.C. 2166년 경 아브람이 태어난 곳이며, 현재 이라크의 바벨론 유적으로부터는 남쪽으로 약 224km에, 그리고 페르시아 만에서 북서쪽으로는 약 240km 떨어진 곳에 위치하고 있다.

'갈대아'는 남부 메소포타미아의 유프라테스 강과 티그리스 강 주변의 늪 지대나 호수 지역에 거주했던 유목민들을 지칭하며, 그들은 아람족에 속하는 한 분파였다.

(위키백과, ko.wikipedia.org)

말씀의 꽃 · 나만의 일독 큐티

말씀의 열매 · 기도제목

1월

5

십일조의 시작

일독 성경 창세기 14장 14–24절(창세기 13–15장 中)

말씀의 씨앗

씨앗말씀 · 오늘 내게 심어진 한 절 말씀

아브람이 조카 롯이 이방 민족의 연합군에게 사로잡혀갔음을 듣고 자기의 종 삼백 명을 데리고 쫓아갑니다. 밤을 타서 그들을 쳐서 파하고 다메섹까지 쫓아가서 롯과 그의 재물과 부녀를 다 찾아옵니다. 아브람이 그돌라오멜과 그와 함께한 왕들을 파하고 돌아오자 소돔 왕이 사웨 골짜기에서 맞아줍니다. 그리고 살렘 왕이면서 제사장인 멜기세덱이 떡과 포도주를 가지고 나와 아브람을 축복합니다. "너희 대적을 네 손에 붙이신 하나님을 찬송할지로다"(창 14:20)라고 말할때 아브람이 십분의 일을 멜기세덱에게 줍니다. 구별하는 것입니다. 하나님께 드리는 것은 내 모든 것이 하나님으로부터 왔음을 증거하는 것입니다. 소돔 왕은 "사람은 내게 보내고 물품은 네가 가지라"(창 14:21)고 말합니다. 그러나 아브람은 "네게 속한 것은 실 한 오라기나 들메끈 한 가닥도 내가 가지지 아니하리라. 오직 젊은이들이 먹은 것과 나와 동행한 아넬과 에스골과 마므레의 분깃을 제할지니 그들이 그 분깃을 가질 것이니라"(창 14:24)라고 말합니다.

아브람은 하나님 앞에 드릴 것을 온전히 드렸습니다. 그리고 사람과의 관계에서 자신의 것이 아닌 것은 욕심내지 않았습니다. 하나님이 아브라함을 믿음의 조상으로 삼으신 것은 그의 중심을 보셨기 때문입니다. 우리의 흩어진 시선을 다시 모으고 오직 하나님을 온전히 바라보는 삶이 되기를 소망합니다.

말씀의 가지

1/10은 일부분이라는 개념이 아니라 10/10을 대표하는 1/10의 역할을 말한다. 즉, 십일조는 모든 것이 하나님으로부터 왔음을 인정하고, 만물이 하나님의 소유요 그래서 모든 인생은 오로지 하나님의 은혜로만 살아갈 수밖에 없음을 고백하는 신앙 행위의 한 부분이다(고후 9:6-7). 성경에서 아브라함이 멜기세덱에게 십일조를 바친 이래, 야곱도 하나님께 십일조를 드리기로 약속하고 있다(창 28:22). 또 모세 율법에는 곡식, 포도주, 기름 등 주요 농산물과 심지어 땅이나 가축들에 대해서도 십일조를 드리도록 규정하고 있다(레 27:30-33; 대하 31:5-6).

후대로 오면서 유대 지도자들은 십일조를 아주 사소한 것까지 세분하여 땔나무나 채소의 십일조까지 명문화하였다. 이런 배경에서 신약 시대의 바리새인들은 박하와 회향과 근채의 십일조까지 하였지만(마 23:23), 예수님은 율법의 근본 정신을 외면한 채 형식에만 치중한 십일조를 책망하셨다. 예수님은 십일조에 대해 교훈하시면서 물질뿐만 아니라 시간, 마음 등 전 인격을 하나님께 드리라고 말씀하셨다.

(라이프 성경사전, 생명의 말씀사 http://www.lifebook.co.kr)

말씀의 꽃 · 나만의 일독 큐티

말씀의 열매 · 기도제목

1월

6 진정한 믿음

일독 성경 창세기 17장 15-22절(창세기 16-18장 中)

말씀의 씨앗

씨앗말씀 · 오늘 내게 심어진 한 절 말씀

하나님께서 아브라함에게 아내의 이름을 사라로 부르게 하십니다. '열국의 어머니'라는 뜻입니다. 아브라함이 웃습니다. 자식이 하나도 없는데 열국의 어머니가 웬 말입니까? 하갈에게서 낳은 이스마엘이나 잘되게 해 주십시오. 그러나 하나님께서는 분명하게 말씀하십니다. 네게 후손을 세우고 영원한 언약이 될 것이다. 이스마엘도 번성하게 할 것이다. 그러나 사라가 낳은 자식을 통해 이룰 것이다. 하나님께서 약속하셨습니다. 그리고 약속대로 아들 이삭을 주셨습니다. 아브라함이 믿음의 조상이 된 것은 아브라함이 완전한 사람이었기 때문이 아닙니다. 그에게도 연약함이 있었습니다. 그러나 하나님은 그러한 순간마다 다듬으셨습니다. 결국 믿음의 조상이 된 아브라함은 하나님께서 만들어 주신 것입니다. 그의 노력으로 된 것이 아닙니다.

내가 모든 것을 해결해야 한다면 기도할 필요가 없습니다. 그러나 언제나 하나님이 함께하신다는 것이 능력입니다. 때로는 도저히 믿겨지지 않아서 헛웃음을 지을 수 있습니다. 아니 그것이 어떻게 가능하겠냐고 의심합니다. 그러나 하나님의 약속은 신실하여 반드시 이루어집니다. 아브라함이 믿음의 조상으로 설 수 있었던 것은 하나님의 신실함 때문입니다. 끝까지 지키시는 하나님을 의지하여 두려움이 아닌 승리의 삶을 살게 되기를 소망합니다.

말씀의 가지

세상의 모든 사람들이 피해 다니고 도망다닌다. 이것이 창세기 16장 1–6절 말씀이 주는 메시지이다. 여기서 우리가 얻을 수 있는 교훈이 있다. 사람은 누구든 실수할 수 있다는 것이다. 성경은 로마서 3장 10절 이하에서 의인은 없다고 가르친다. 아무리 믿음의 사람이라 할지라도 인간은 죄의 본성 때문에 어쩔 수 없이 실수하는 존재라는 것을 인정해야 한다. 하나님의 값없는 은혜가 아니면 어느 누구도 바로 설 수 없다. 우리가 믿음의 경주를 끝까지 할 수 있는 것은 우리가 완전하기 때문이 아니다. 실수하고 부족하지만 하나님께서 우리를 붙잡아 주시기 때문이라는 사실을 알아야 한다. 하나님께서 아브람을 믿음의 조상으로 삼으신 것은 그에게 믿음이 있어서거나 그의 행동이 의로워서이거나 그가 실수하지 않아서가 아니다. 이렇게 형편없고 결정적인 실수를 했음에도 하나님께서 끝까지 그를 믿음의 사람으로 세워 주셨다. 이것이 은혜이다. 우리는 그 은혜의 보좌 앞으로 나가야 한다.

(하용조, 너는 복의 근원이 될지라(두란노 1999), p.160)

말씀의 꽃 · 나만의 일독 큐티

말씀의 열매 · 기도제목

1월 **7**

돌아보지 마라

일독 성경 창세기 19장 23-29절(창세기 19-21장 中)

말씀의 씨앗

씨앗말씀 · 오늘 내게 심어진 한 절 말씀

하나님께서 소돔과 고모라성을 멸하기로 작정하십니다. 그러나 아브라함의 간곡한 요청으로 그 성에 의인 열 명만 있어도 멸하지 않기로 약속하셨습니다. 그러나 의인 열 명을 찾지 못했습니다. 열 명이 적은 숫자 같지만 한 도시를 살릴 수 있는 숫자였습니다. 결국 소돔은 의인 열 명을 찾지 못하고 심판을 받습니다. 그러나 그 순간에도 하나님은 아브라함을 기억하셨습니다. 롯과 그의 가족들을 급히 피하게 하시고 절대 뒤를 돌아보지 말라고 말씀하십니다. 롯이 소알에 들어갔을 때에 해가 돋았습니다. 그리고 유황과 불이 비같이 내리기 시작합니다. 성과 성에 거하는 백성과 땅에 난 것을 다 멸하셨습니다. 롯과 그의 가족들은 그 무시무시한 도시를 피하여 하나님의 인도하심을 받았습니다. 그러나 그만 롯의 아내가 뒤를 돌아보아 소금 기둥이 되어 버렸습니다. 하나님의 말씀에 순종하지 않은 롯의 아내는 소금 기둥이 되었습니다. 이런 일이 일어나리라고는 생각하지 못했을 것입니다. 마치 하나님께서 아담에게 절대 먹지 말라고 하신 선악과를 먹고서 하와에게 미루면 된다고 생각하다가 에덴에서 쫓겨난 것과 마찬가지 입니다. 하나님은 우리를 선한 길로 인도하십니다. 돌아보는 것은 우리입니다. 하나님은 우리를 위해 영원한 나라를 준비해 주셨습니다. 하나님이 우리에게 기대하시는 것은 오직 하나님을 바라보고 나아가는 삶입니다. 매 순간 세상의 모든 유혹을 이기고 오직 믿음으로 살아가기를 소망합니다.

말씀의 가지

소돔과 고모라

아브라함의 조카 롯은 소돔으로 이주했으나, 소돔과 고모라가 워낙 타락한 탓에 신은 아브라함에게 두 도시를 파괴할 예정이라고 말했다. 신은 두 도시를 파괴하기로 마음먹었지만, (사람의 모습을 취한) 천사 둘을 미리 보내 롯과 그의 가족을 구하게 했다. 밤이 되자 소돔 사람들이 롯의 집을 에워싸고 두 손님을 내보내라고 요구했다. 그들은 두 손님을 범하려는 것이었는데, 동성애를 뜻하는 남색(sodomy)이라는 말이 여기서 나왔다. 손님들은 사람들의 눈을 멀게 하고, 롯과 가족에게 뒤를 돌아보지 말고 도시를 떠나라고 했다. 신은 두 도시를 불과 유황으로 파괴했다(창세기 19).

성서에서 소돔과 고모라는 악이 지배하는 곳을 가리키는 의미로 두루 사용된다. 베드로후서는 "무법한 자들의 음란한 행실"이 도시를 파멸로 이끌어갔다고 말한다(벧후 2:7-8). 타락한 로마제국의 도시에 사는 그리스도교도들은 자신을 롯에 비유하면서 의롭지 못한 환경에서도 의롭게 살고자 애썼다.

(네이버 지식백과, http://terms.naver.com)

말씀의 꽃 · 나만의 일독 큐티

말씀의 열매 · 기도제목

1월

8

하나님의 백성

일독 성경 창세기 24장 28-34절(창세기 22-24장 中)

말씀의 씨앗

씨앗말씀 · 오늘 내게 심어진 한 절 말씀

아브라함의 아들 이삭이 결혼할 나이가 되었습니다. 아브라함은 가장 신뢰하는 종 엘리에셀을 불러 이삭의 아내를 찾아오라고 하면서 그를 자신의 고향으로 보냅니다. 지금처럼 주소가 있어서 자동차를 타고 가는 길이 아닙니다. 광야에서 아브라함의 친척을 만나는 것은 바닷가에 떨어진 동전을 찾는 것과 같습니다. 그러나 그는 결국 리브가를 만났습니다. 지쳐 있는 육신의 상태에도 불구하고 눈앞에 진수성찬보다 주인을 위하여 먼저 말문을 엽니다. 나는 아브라함의 종입니다. 분명한 자기 정체성을 가지고 있습니다. 그래서 먼저 사명을 감당하고 있습니다.

우리는 누구입니까? 우리는 세상의 종으로 성전에 와서 예배드리는 것이 아니라 하나님의 종으로 세상에 나가서 살아가고 있는 것입니다. 우리의 정체성은 하나님의 사랑하는 자녀요 천국 백성입니다. 분명한 자기 소속감을 가질 때에 세상을 이길 힘을 소유합니다. 하나님의 형상대로 지음 받았고 하나님의 사랑을 받고 있는 존재임을 깨닫고 이제는 자신 있게 기도하고 살아가야 합니다. 하나님의 사랑을 깨닫고 날마다 자신의 사명을 감당하는 삶이 되기를 소망합니다.

말씀의 가지

"여호와의 산에서 준비되리라!"(창22:14)이 말씀은 신앙의 나그네 길을 걷는 사람들에게 큰 위로와 격려가 된다. 아브라함이 백발이 되었을 때 아기를 못 낳는 아내 사라와의 사이에서 하나님의 사자가 약속한 대로 아들 이삭이 태어났다. 그 약속은 이삭의 자손이 계속 불어난다는 것이었다. 그런데 몇 년 후에 하나님이 아브라함에게 나타나셔서 모리아의 산에서 이삭을 번제로 바치라고 명령하셨다. (중략) 모리아 산에 이르러 제단을 쌓아올린 다음, 나무를 깔고 이삭을 단단하게 묶고 제단 위에 누여놓고 칼을 뽑아 아들을 막 잡으려 할 때 여호와의 사자가 나타나 말했다. "그 아이에게 손 대지 말라. 네가 하나님을 경외하는 줄을 아노라." (중략) 아브라함은 숫양을 이삭을 대신하여 번제로 드렸다. 이곳을 이름하여 여호와 이레라 하고, 지금도 여호와의 산에서 준비되리라는 말로 사람들에게 전해 내려오고 있다.

(신상훈, 성경의 즐거움 (스타북스 2006), pp.42-43)

말씀의 꽃 · 나만의 일독 큐티

말씀의 열매 · 기도제목

1월

9

이삭의 우물

일독 성경 창세기 26장 12-25절(창세기 25-27장 中)

말씀의 씨앗

씨앗말씀 · 오늘 내게 심어진 한 절 말씀

이삭이 축복을 받습니다. 그래서 양 떼와 곡식이 풍성하게 됩니다. 백 배나 얻고 창대하고 왕성해집니다. 블레셋 사람들이 그를 시기하여 우물을 흙으로 메워버립니다. 물은 중동지역에서 삶과 직접적으로 연결되는 아주 민감한 부분입니다. 아비멜렉이 이삭에게 너희가 강성하니 우리를 떠나라 합니다. 그래서 그곳을 떠나 그랄 골짜기에 장막을 치고 아브라함 때에 팠던 우물을 다시 팝니다. 그랄 목자들이 이삭의 목자들과 우물 때문에 또 다툼이 생깁니다. 그 우물 이름을 에섹이라 하고 또 다른 우물을 팝니다. 그러나 또 다툽니다. 그래서 그 이름을 싯나라고 합니다. 또 다른 우물을 팝니다. 이번에는 다투지 아니하므로 르호봇이라 합니다. 이제는 여호와께서 우리 장소를 넓히셨으니 번성하리로다. 이삭은 하나님이 허락하실 때까지 다툼이 있으면 다른 곳으로 갔습니다. 힘으로 혹은 경험으로 권리를 주장하지 않았습니다. 오히려 새로운 곳에 가서 다시 시도하였습니다.

우리가 포기하고 싶을 때 하나님을 의지하면 샘을 허락하십니다. 그리고 몇 번이고 다시 시작한다 할지라도 우리에게 필요한 것은 다시 시작할 수 있는 믿음과 용기입니다. 하나님이 주시는 은혜와 능력이 가득한 삶이 되기를 소망합니다.

말씀의 가지

그랄은 아브라함과 이삭이 각각 우물을 팠던 곳이다. 목축업을 하던 이삭은 그랄보다 비가 적게 오는 네게브 깊숙이 들어가 살다 흉년이 들자 그랄로 북상하였다(창 26:1). 그는 그랄에서 농사하여 백 배나 얻었다(창 26:12). 그랄은 브엘세바, 가사 등 여섯 갈래 간선도로의 요지였고, 지금도 브엘세바 간선도로변에 있다. 네게브 북방 변두리의 넓고 건조한 평원에 위치한 그랄은 길이 200m, 높이 10m 정도의 텔(Tell)로 남아 있으며, 청동기 시대와 철기 시대의 주거 지역으로 확인되었다. 텔 정상에는 후대 아랍인들의 무덤이 산재하며, 언저리에는 터키 시대 참호들이 파져 있다. 특히 정상 높은 부분에는 B.C. 8세기에 앗수르가 이집트를 대항할 때 지은 관청 건물 잔해가 남아 있다. 유적지 주변에는 밀 경작지가 펼쳐져 있고, 남쪽 그랄 시내에는 갈대와 에셀나무, 유칼립투스 등이 자란다. 25번 국도 건너 상류 7km에 시글락이 있으며, 상류로 올라갈수록 시냇물은 오히려 더 풍부하다.

(세계 기독교 박물관 http://www.segibak.or.kr)

말씀의 꽃 · 나만의 일독 큐티

말씀의 열매 · 기도제목

1월 10

먼저 행하여 얻다

일독 성경 창세기 29장 10-20절(창세기 28-30장 中)

말씀의 씨앗

씨앗말씀 · 오늘 내게 심어진 한 절 말씀

야곱이 형 에서를 피하여 도망합니다. 그리고 양 떼를 만납니다. 그곳에서 라헬을 만납니다. 라헬을 통해 그 양 떼가 삼촌 라반의 것임을 알게 됩니다. 반가움에 눈물을 흘리며 라반을 만나 그곳에 거하게 됩니다. 야곱은 열심히 일하며 라헬을 사랑하게 됩니다. 삼촌에게 라헬과 결혼하고 싶다고 말합니다. 라반은 만약 7년 동안 일을 하면 허락하겠다고 합니다. 야곱은 그날부터 7년 동안 열심히 일합니다. 사랑하는 라헬과 결혼한다는 기쁨에 7년을 수일같이 여깁니다.

·

사랑을 얻기 위해서는 먼저 행함이 필요합니다. 내 마음이 증거되어야 합니다. 야곱이 포기하지 않고 먼저 행했기 때문에 이룰 수 있었습니다. 야곱이 긴 세월도 잊고 일할 수 있었던 사랑의 마음이 가정을 이루는 첫 마음입니다. 해산의 고통을 통하여 자녀를 사랑하는 어머니의 사랑이 가정을 지키는 마음입니다. 사람은 사랑이라는 울타리 안에서 태어나 사랑을 만나 사랑을 나누며 살아갑니다. 사랑이 없다면 아무것도 이루어지는 것이 없습니다. 늘 배반하고 지루해하고 변심하고 배반하며 살아갑니다. 다시 첫 마음을 회복해야 합니다. 사랑이 깨지면 가정 뿐만 아니라 인생이 깨집니다. 인생의 기반이 사랑이기 때문입니다. 날마다 사랑함으로 새롭게 승리하는 삶이 되기를 소망합니다.

말씀의 가지

하란

'가도', '햇빛에 바싹 마르다'는 뜻. 유브라데 강의 한 지류인 발리크 강과 닿아 있는 메소포타미아 북부 지역에 위치한(행 7:2) 대표적인 상업 도시. 아브람 일가가 가나안으로 오던 도중 이곳에서 잠시 거주하였다(창 11:31). 아르람은 아버지 데라가 사망한 뒤 여호와의 말씀을 좇아 하란을 떠나 가나안 땅으로 이주했다(창 12:4-5; 행 7:4). 후에 이삭의 아내가 된 리브가는 이곳 출신이었고(창 24:4), 야곱은 그의 모친 리브가의 말을 좇아 형 에서를 피해 이곳으로 피신해 이곳에서 신부감을 얻었다(창 27:43; 29:4-5).

에스겔은 하란을 두로와 무역하는 도시들 중 하나로 언급하고 있다(겔 27:23). 하란은 소아시아와 바벨론을 잇는 주요 대상로에 위치해 있어서 무역의 중심지로 성장하였고, 앗수르 제국이 바벨론에게 멸망(B.C. 609년경)할 때까지 앗수르의 수도로 삼았던 곳이다(사 37:11-12). 또한 이곳은 우상 숭배가 극심한 곳으로도 알려졌다(왕하 19:12).

(라이프 성경사전, 생명의 말씀사 http://www.lifebook.co.kr)

말씀의 꽃 · 나만의 일독 큐티

더 생각해 보기

ㄱ. 야곱의 시선

큰 축복을 받고 브엘세바를 떠나 메소포타미아의 하란까지 약 800km를 이동해 왔으나 막상 라반의 집에선 종처럼 살게 되었을 때, 품삯도 열 번이나 변역당하였을 때의 마음은 어떠했을까?

ㄴ. 레아의 시선

1. 동생의 결혼이 될 줄 알았는데 자신의 결혼이 되는 걸 보고 어땠을까?(창 29:25)
2. 사랑받지 못한 자로 살아가야 하는 이의 마음은 어떨까?(창 29:32-34)

ㄷ. 라헬의 시선

1. 약속을 쉽게 파기하는 아버지를 보면서 어떤 생각이 들었을까?(창 29:26, 31:7)
2. 사랑하는 이의 아이를 가질 수 없을 때의 마음은 어떨까?(창 30:1, 23)

1월

11

여전히 아프다

일독 성경 창세기 32장 23–32절(창세기 31–33장 中)

말씀의 씨앗

씨앗말씀 · 오늘 내게 심어진 한 절 말씀

형 에서와 아버지 이삭을 속이고 장자의 축복을 모두 받아 도망갔던 야곱이 고향으로 돌아갈 결심을 합니다. 고향 입구에 도착한 야곱은 형이 무서워서 들어가지 못하고 가족과 가축을 먼저 들여보내고 홀로 남아 있습니다. 그날 밤 야곱이 지나가던 주의 사자를 붙잡고 밤이 새도록 놓아주지 않자 주의 사자가 야곱의 환도뼈(허벅지 관절)를 쳐서 위골되게 만들었습니다. 그래도 놓지 않습니다. 이젠 놓아달라는 말에 축복해주셔야 가게 해드리겠다고 하자 하나님의 사자가 야곱을 축복하였습니다. 너는 이스라엘이 될 것이다. 이는 하나님과 겨루어 이겼다는 뜻입니다. 야곱을 보면 우리의 인생과 같습니다. 고향에 가고 싶은 소망과 에서를 만나야 하는 위기가 동시에 옵니다. 이럴 때 우리는 무엇을 붙잡습니까? 끝까지 하나님을 붙잡은 야곱을 본받아야 합니다.

예수님께서 십자가에 달려 죽으시기까지 사랑하시고 부활하셔서 의심하던 제자 도마에게 보이신 것이 바로 손에 난 못자국과 허리에 난 창자욱입니다. 믿음의 흔적이 있습니다. 그것은 위기와 어려움으로 오지만 가장 큰 축복의 증거입니다. 예수님의 흔적이 있는 사람이 됩니다. 야곱은 그 장소를 브니엘이라 하여 하나님과 만나서 생명을 보전하였다고 고백합니다. 하나님이 함께하시는 인생, 하나님이 함께하시는 가정과 직장과 교회와 모든 장소가 우리에게 이미 허락된 축복입니다. 감사와 찬양으로 이 기쁨을 누리시기를 기도합니다.

말씀의 가지

환도뼈란?

1. 넓적다리뼈. 골반과 무릎 사이에 뻗어 있는 넓적다리의 뼈.
2. 허리의 뼈. 환도란 옛 군복에 갖추어 차던 군도를 말한다.

위골이란?

뼈마디가 어그러진 현상. 뼈마디가 빠졌거나 삔 상태를 말한다.

(네이버 지식백과 naver.com)

뼈가 부러졌다고 말하지 않았다!

KJV: the hollow of Jacob's thigh was out of joint (접합을 벗어났다.)

NIV: so that his hip was wrenched (삐었다.)

말씀의 꽃 · 나만의 일독 큐티

말씀의 열매 · 기도제목

1월

12

위기의 유익

일독 성경 창세기 35장 1-7절(창세기 34-36장 中)

말씀의 씨앗

씨앗말씀 · 오늘 내게 심어진 한 절 말씀

히위 족속 중 하몰의 아들 중 추장 세겜이 야곱의 딸 디나를 강간합니다. 야곱의 아들 중 시므온과 레위가 분노하여 세겜에게 할례를 요구한 후에 그들이 연약해진 틈을 타서 하몰과 세겜과 남자들을 모두 죽입니다. 이 사건을 듣고 야곱이 당황합니다. 그래서 일어나 벧엘로 올라가 그곳에서 명령합니다. 모든 이방신을 버리고 정결하게 하고 의복을 바꾸라. 내가 단을 쌓으려 하노라. 형 에서를 피하여 도망하던 중에 이르렀던 곳 가나안 땅 루스 곧 벧엘에 이르러 그곳에서 단을 쌓고 엘벧엘이라 부릅니다.

하나님이 도와주시는 것 외에는 방법이 없습니다. 내가 할 수 있을 것 같지만 언제나 기다리는 것은 또 다른 배반이요 또 다른 위험입니다. 이러한 위기의 상황에서 야곱은 예배를 회복합니다. 성결 의식을 통하여 오히려 우상을 없애는 계기를 삼습니다. 우리의 실수도 연약함도 고난도 모두 하나님을 만나는 통로로 삼을 때에 우리는 위기를 오히려 축복의 도구로 사용할 수 있습니다.

위기가 없는 것이 은혜가 아니라 위기를 이기는 것이 능력입니다. 모든 것이 사라진 것처럼 보이지만 분명히 하나님의 도우심은 우리 곁에 있습니다. 날마다 하나님의 뜻 가운데 고난 속에서도 감사를 고백하고 승리의 삶을 살기를 소망합니다.

말씀의 가지

야곱이 오랜만에 얻었던 행복이 조각나는 순간이었다. 자기 딸이 강간을 당한 일에 관심을 기울이기보다 자신이 어렵게 찾은 행복이 망가질 것 같은 두려움에 사로 잡힌다(창 34:30). 야곱의 아들들은 이를 듣고 아버지에게 화를 낸다. 수치당한 자기 누이의 일을 어떻게 처리해야 하냐고 야곱에게 따지며 묻는다. 두려움과 절망에 빠져 있는 야곱에게 하나님께서 개입하신다(창 35). 하나님께서는 늘 야곱이 위기에 빠질 때마다 개입하셨다. 야곱은 문제를 일으키고 하나님께서는 문제를 해결하신다. 인간은 문제를 만들고 하나님께서 문제를 해결하신다.

(하용조, 다시는 야곱이라 부르지 말라 (두란노 2001), p.354)

말씀의 꽃 · 나만의 일독 큐티

말씀의 열매 · 기도제목

1월

13 눈먼 새의 비상

일독 성경 창세기 39장 1-23절(창세기 37-39장 中)

말씀의 씨앗

씨앗말씀 · 오늘 내게 심어진 한 절 말씀

하나님의 사람은 축복의 씨앗입니다. 요셉은 형들의 미움을 받아 애굽에 팔려갑니다. 아버지의 가장 큰 사랑을 받는 아들이었기 때문에 고향이 그립습니다. 형들도 미워했지만 그래도 보고 싶었습니다. 멀리 이국땅에서 종으로 팔려왔지만 포기하지 않았습니다. 더 성실하고 정직하게 살았습니다. 그리고 인정을 받습니다. 하나님의 사람이 그곳에 있으니까 애굽도 축복을 받습니다. 하나님의 사람이 있는 곳이 축복의 땅입니다. 축복의 씨앗이 심긴 곳에 축복의 열매가 열립니다. 그러나 사건이 벌어집니다. 보디발의 아내가 요셉을 유혹하다 계획이 실패하자 모함하여 감옥으로 보냅니다. 보디발의 집이 요셉으로 인해 축복을 받았습니다. 그러나 축복이 내 안에 들어와도 영적인 눈이 가려지면 진짜를 가짜로 보고 가짜를 진짜로 보게 됩니다. 사람은 가까운 곳에서부터 배반을 당하는 경우가 많습니다. 죄의 습성입니다. 배반과 잔인과 비겁과 야비와 술수와 속임은 모두 가장 가까운 곳에 있습니다. 그것은 때로는 밖이 아닌 내 안에 자리 잡을 때가 있습니다. 우리가 피해야 하는 것은 사람을 의지하는 것입니다. 자기 자신도 포함됩니다. 스스로 분별하지 못하면 세상의 편에 서서 선을 행하는 사람을 넘어뜨리는 도구가 될 수 있습니다. 오늘도 하나님의 뜻을 분별하여 선하고 아름다운 삶을 살기를 소망합니다.

말씀의 가지

계대 결혼 제도와 고엘 사상

창세기 38장의 유다와 다말의 동침 사건을 바르게 이해하기 위해 계대 결혼의 언약적 의미를 바르게 이해해야 한다. 계대 결혼 제도는 모세의 율법으로 계시되기 전부터 이미 족장들의 삶 속에 계시된 하나님의 말씀(명령)의 형태로 존재해 왔다.

계대 결혼 제도의 두 가지 중요한 의미! 하나는 죽은 자의 후손을 잇기 위해 대신 동침하는 행위이며, 다른 하나는 대신 동침하는 사람을 일컫는 말이다. 이는 모세의 율법에 나타난 토지 제도 속에서도 나타난다. 즉, 가난한 친족을 위해 그 토지를 대신 사 주는 행위와 그 토지를 대신 사 주는 사람을 가리키는 말이 바로 고엘이다.

다른 사람을 위해 대신 의무를 이행하는 사람: 히브리어로 '고엘'

구약 원문에 언급되는 고엘에 대한 번역은 친족, 기업 무를 자, 구속자, 구속주 또는 대속자 등으로 나타난다. 고엘의 의무와 역할은 구약 본문에서 여러 형태로 나타나나 모두 그리스도의 대속 사건 곧 죄인을 대신해 십자가에 죽으신 예수 그리스도의 대속 사건에 대한 그림자요 모형이다(고엘 관련 말씀 창 38장, 룻 4장, 렘 32장).

(www.duranno.com/qt/ 두란노 목회와 신학, "유다와 다말의 동침 사건에 대한 올바른 이해")

말씀의 꽃 · 나만의 일독 큐티

말씀의 열매 · 기도제목

1월

14 요셉의 축복

일독 성경 창세기 41장 34-43절(창세기 40-42장 中)

말씀의 씨앗

씨앗말씀 · 오늘 내게 심어진 한 절 말씀

성공을 이루는 사람은 성공의 태도를 가지고 있습니다. 요셉은 진정한 꿈을 가진 사람이었습니다. 형들의 미움 때문에 애굽 사람의 종으로 팔려갔지만 그의 태도는 변하지 않았습니다. 보디발의 아내의 유혹을 물리치는 바람에 감옥에 갇히게 되었지만 그곳에서 술 맡은 관원장과 떡 굽는 관원장의 꿈을 해석해 줍니다. 둘은 요셉의 말대로 한명은 죽고 한 명은 복귀됩니다. 그러나 복귀된 술 맡은 관원장은 요셉을 잊어버렸습니다.

어느 날 애굽의 왕이 꾼 꿈을 해석할 수 있는 사람이 아무도 없어서 근심하고 있을 때 감옥에 갇혀 있던 요셉을 기억한 술관원장이 기회를 줍니다. 기회는 주었지만 결국 이 일을 해결해야 하는 사람은 요셉 본인입니다. 일곱 마리의 살찐 소를 일곱 마리의 앙상한 소가 잡아먹는 꿈을 일곱 해의 풍년과 일곱 해의 흉년을 상징하고 있음을 해석하고는 이러한 상황에 국정을 어떻게 다스려야 하는지까지 말합니다.

요셉은 감옥에 갇힌 죄수였지만 이미 총리의 그릇을 가지고 있었습니다. 그의 지혜는 하나님이 주신 것입니다. 그는 그것을 지켜냈고 인내하였습니다. 믿음을 잃지 않았습니다. 바로는 요셉을 하나님의 신이 감동한 사람이라 평가합니다. 그리고 그를 애굽의 총리로 임명합니다. 하나님께서는 요셉을 높여주셨습니다. 중요한 것은 바로 왕과 신하가 모두 좋게 여겼다는 것입니다. 이때 보디발은 어디에 있었을까요? 그의 아내는 무슨 생각을 했을까요? 두려움에 떨고 있었을 것입니다. 그러나 요셉은 큰 일을 두고 과거를 보지 않았습니다. 하나님의 사람은 마지막 순간까지 사람이 아니라 겸손히 하나님을 의지하고 인내하는 사람입니다. 오늘도 하나님의 사람으로 승리하기를 소망합니다.

말씀의 가지

세계 최장의 나일 강

한 해의 첫날 1월 1일은 어떻게 정해진 것인가? 이유는 나일 강에 있다. (중략) 나일 강 하면 이집트의 강 정도로만 생각할 수 있지만 사실 나일 강이 흐르는 국가는 무려 9개국에 달한다. 아프리카 대륙 지도에서 동북부의 국가를 모두 섭렵하고 있는 것이다. 아프리카 대륙을 절반 정도 종단하는 강인데 길이는 무려 6690킬로미터이다. 고대 최강국이었던 이집트에선 나일 강이 곧 상식이었으며 고대 이집트 문명의 원동력이었다. 농업을 위해 강의 범람 예측이 필요했고 이 때문에 천문학과 역학, 측량술과 수학 등 많은 학문이 발전했다. 수단과 에티오피아 등 다른 국가 또한 고대 국가로 번성했으며 1월 1일은 사실 나일 강의 범람이 시작되는 날이다. 인간의 역사에 있어 강은 큰 의미를 준다.

(http://www.blogkwater.or.kr 세계 4대 문명의 강)

말씀의 꽃 · 나만의 일독 큐티

말씀의 열매 · 기도제목

1월

15

앞서 보내신 하나님

일독 성경 창세기 45장 1-10절(창세기 43-45장 中)

말씀의 씨앗

씨앗말씀 · 오늘 내게 심어진 한 절 말씀

요셉은 마음을 감추지 못하고 함께 있던 신하들을 모두 내보냅니다. 그리고 형들 앞에서 통곡합니다. 애굽 궁정에 있는 모든 사람이 들을 정도로 큰 소리로 웁니다. 요셉은 현명한 사람입니다. 일을 그르칠 사람이 아닙니다. 그런 그가 그렇게 운 것은 자신도 멈출 수 없는 하나님의 섭리 때문입니다. 우리는 후회할 일을 할 때가 많습니다. 시간이 지나면 되돌릴 수도 없습니다. 그러나 놀라운 사실은 우리가 그렇게 생각한 일이 하나님의 섭리 속에서는 놀라운 능력으로 나타납니다. 요셉은 이렇게 이야기합니다. 당신들이 나를 팔아서 이곳에 온 것이 아니라 하나님이 앞서 보내신 것입니다. 팔려갈 당시만 해도 서럽고 어렵고 힘겨웠지만 지금에 와서 보니 하나님의 비전은 여전히 역사하고 있었더라 하나님이 행하신 일에 감탄하고 있습니다. 예술 작품이 탄생하기까지 수많은 노력과 인내가 필요하듯이 하나님의 사람이 작품이 되기까지 인내와 믿음의 시간이 필요합니다. 아비와 모든 소유가 다 이곳에 오십시오. 2년의 기근이 있었으나 아직 멀었습니다. 앞으로 5년이나 남았습니다. 다 오십시오. 하나님은 당장의 양식을 주시지 않고 문제를 모두 해결해 주십니다. 응답 받기까지 어렵지, 풀리기 시작하면 상상을 초월하는 하나님의 방법으로 나타내십니다. 이제 근심할 일도 후회할 일도 없습니다. 지나온 길도 앞으로 지나갈 길도 모두 하나님의 섭리입니다. 그 길을 인도하시는 하나님을 찬양합니다.

말씀의 가지

아프리카 북동쪽에 위치하며 세계에서 가장 긴 나일 강(약 6,800km)을 중심으로 형성된 약 5천 년 역사의 강대국이다. 고대 문명 발상지 중의 하나, 동쪽으로는 홍해를, 서쪽으로는 리비아 사막을, 남쪽으로는 폭포와 골짜기로 둘러싸여 있고, 북쪽으로는 지중해와 연결된 삼각주(델타) 지역을 형성하고 있다. 특히 애굽은 나일 강을 그들의 운명을 좌우하는 생명의 젖줄로 여겨왔다. 왜냐하면 애굽에서는 비가 거의 내리지 않아 나일 강을 통해서 물을 공급받고, 또 해마다 나일 강이 범람함으로 그 유역의 땅이 비옥하게 되기 때문이다(창 13:10). 나일 강 유역을 통해 생산된 곡물은 애굽뿐 아니라 주변 국가들의 주요 식량원이 되었으며(창 41-47장; 사 23:3), 특히 신약에 이르러 로마 제국의 곡창 지대로서 큰 역할을 하기도 했다. 한편, 나일 강을 어떻게 이용하느냐에 따라서 국가적 흥망이 좌우되었기 때문에 애굽에서는 관개 사업이 발달할 수밖에 없었고(신 11:10), 그로 인해 노동력을 집중시키는 힘(권력과 군사력으로 발전함)은 물론 과학과 학문이 발달하게 되었다(행 7:22).

(라이프 성경사전, 생명의 말씀사 http://www.lifebook.co.kr)

말씀의 꽃 · 나만의 일독 큐티

말씀의 열매 · 기도제목

1월

16 왼손과 오른손

일독 성경 창세기 48장 8-22절(창세기 46-48장 中)

말씀의 씨앗

씨앗말씀 · 오늘 내게 심어진 한 절 말씀

야곱이 요셉의 아들들을 축복하기 위하여 부릅니다. 야곱의 오른편에 므낫세가 왼편에 에브라임이 앉습니다. 므낫세가 장자이기 때문에 오른편에 앉았습니다. 그러나 야곱이 왼손으로 므낫세의 머리에 오른손으로 에브라임의 머리에 얹습니다. 요셉을 위하여 축복합니다. 아브라함의 하나님, 이삭의 하나님, 나를 기르신 하나님 이들로 세상에 번식되기를 원합니다. 자손의 축복을 간구합니다. 요셉은 장자에게 오른손이 올라가지 않은 것에 불편한 마음을 가지고 아버지 야곱의 오른손을 므낫세에게 얹으려고 합니다. 그러나 야곱이 이야기합니다. 나도 안다. 그러나 아우가 그보다 큰 자가 될 것이다.

우리의 기준이 아닌 하나님의 섭리를 알아야 합니다. 이미 하나님이 행하실 일을 야곱에게 알게 하시고 에브라임이 더 큰 민족을 이루게 될 것임을 알리신 것입니다.
사람이 손을 바꾼다고 해서 계획이 바뀌는 것이 아닙니다. 하나님이 계획하신 일이 무엇인지를 아는 것이 더 중요합니다. 날마다 우리의 뜻이 아닌 하나님의 뜻을 분별하여 순종으로 승리하는 삶을 살기를 소망합니다.

말씀의 가지

고센은 나일 강 삼각주의 동쪽 지역이다. 야곱의 애굽 이주로부터 출애굽까지 이스라엘 사람이 살았던 목축에 적합한 땅이었다. 유다계 문서에 의하면 이스라엘 사람은 이 지방에 살면서 애굽인과의 접촉으로부터 분리되어 있었다. 에브라임계 문서와 제사전에 의하면 고센은 목축생활의 최적지였다.

바로는 요셉과 그 친족을 위해 애굽에서 가장 비옥하고 살기 좋은 땅인 고센 지역을 정주지로 허락하였다(창47:6, 11). 라암셋은 또한 오랜 세월 동안 야곱의 후손들이 거주하며 이스라엘이라는 큰 민족을 이룬 후 모세의 인도로 애굽을 탈출할 때의 출발지이기도 하다(출12:37).

(biblesmartphone.co.kr "성경사전, 고센: Goshen (지명)")

말씀의 꽃 · 나만의 일독 큐티

말씀의 열매 · 기도제목

1월
17 모두 죽는다

일독 성경 창세기 50장 15-26절(창세기 49-50장 中)

말씀의 씨앗

씨앗말씀 · 오늘 내게 심어진 한 절 말씀

야곱이 죽었습니다. 형들은 아버지의 죽음에 대한 슬픔보다 요셉이 자신들에게 보복할까 봐 두려워합니다. 그러나 요셉은 말합니다. 두려워 마십시오. 모든 것이 하나님의 섭리였습니다. 변하지 않았습니다. 오히려 울며 형제의 사랑을 전합니다. 그리고 세월이 흘러 요셉도 죽음을 맞이합니다. 그때 예언과 같이 이스라엘 백성이 다시 약속의 땅으로 갈 때에 자신의 무덤을 옮겨달라고 유언을 남깁니다. 그리고 요셉도 죽었습니다.

우리는 모두 하나님의 부르심 앞에 거부할 수 없습니다. 지위와 재산과 건강이 영원한 삶을 주지 않습니다. 그러나 오늘 요셉의 마지막 고백과 같이 하나님의 약속을 붙잡고 살아가는 것이 진정한 삶의 의미입니다. 그리고 소망은 이 땅에 있는 것이 아니라 하나님 나라에 있음을 기억하는 것입니다. 죽음을 앞두고도 내게 허락하신 약속의 땅을 기억한 요셉과 같이 우리는 하나님의 약속 붙잡고 매일 승리하는 삶을 살아야 할 줄로 믿습니다.

말씀의 가지

막벨라[Machpelah]

뜻: 두겹의 땅, 두 동굴

위치: 헤브론 북쪽, 마므레(Mamre) 동쪽 현재의 하란 엘 칼릴(Haran el-Khalil)

1. 아브라함이 자기와 가족들의 무덤을 삼으려 헷 족속 헤브론에게 산 땅(창 23:17-18)
2. 아브라함, 이삭, 리브가, 레아, 야곱이 다 여기 매장됨(창 49:31, 50:13)

* 헤브론은 유대산지의 해발 3000피트 이상되는 곳에 자리 잡고 있다. 이곳 막벨라 굴 묘지 위에 세워진 건물의 연대는 비잔틴과 십자군 전쟁 시대를 거쳐 헤롯 시대에까지 거슬러 올라간다.

(kcm.co.kr "성경 지명 사전: 막벨라 (Machpelah)")

말씀의 꽃 · 나만의 일독 큐티

더 생각해 보기

1. 요셉의 형들의 마음에 여전히 두려움이 있는 이유는 무엇일까?(15절)
2. 요셉이 형들의 말을 듣고 운 이유는 무엇일까?(17절)
3. 요셉이 형들을 용서할 수 있었던 이유는 무엇인가?(19-21절)
4. 혹시 내가 용서하지 못하고 있는 사람이 있는가?

1월
18 자녀

일독 성경 출애굽기 2장 1-10절(출애굽기 1-3장 中)

말씀의 씨앗

씨앗말씀 · 오늘 내게 심어진 한 절 말씀

모세는 레위 족속으로 태어났습니다. 당시 히브리인들이 숫자가 많아지고 애굽 사람들보다 더 건강하여 이후로는 애굽의 노예 신분으로서 반란을 일으킬 위험이 느껴지자 이제는 아예 태어난 히브리 아이 중 남자아이는 다 죽입니다. 모세는 이런 시기에 태어났습니다. 어머니는 아이를 포기할 수 없었습니다. 그러나 아이가 자라 더 이상 감출 수 없게 되자 하수에 갈대숲에 놓게 됩니다. 그곳은 애굽의 공주가 목욕하는 곳입니다. 어머니의 지혜였고 어머니의 기도였습니다. 결국 애굽 공주는 아이를 건져서 살리기로 하고 유모를 찾는데 바로 모세의 어머니가 됩니다.
모세는 왕궁에서 교육받으며 자랐지만 결국 어머니의 손에서 큽니다. 모세가 하나님께서 세운 지도자로 자라는 데는 바로 어머니의 지혜와 기도가 있었기 때문입니다. 부모님의 적극적인 보호와 지혜가 필요합니다.

아이들은 결국 부모님을 보고 듣고 배우게 됩니다. 아이는 부모님의 모습입니다. 믿음의 유산이 하나님의 사명자를 만듭니다. 모세가 최고의 지도자가 되고 리더가 된 것은 모두 부모님을 통한 하나님의 은혜입니다. 결혼을 하지 않은 바울은 디모데를 영적인 아들로 삼았습니다. 이것은 비단 혈육의 관계만을 이야기하는 것이 아닙니다. 믿음의 관계도 포함합니다. 어떠한 상황에서도 말씀대로 하나님이 원하시는 삶을 사십시오. 지금은 부족해도 결국 하나님이 사용하실 것입니다. 모든 일을 계획하시고 인도하시는 하나님을 신뢰합니다.

말씀의 가지

출애굽 전후의 애굽 왕들과 모세와의 관계

요셉을 알지 못하는 새 왕(출1:8)이 등장한 시기는 애굽의 제18왕조의 통치 시기를 가리킨다. 그 이전에 애굽을 통치했던 왕조는 애굽의 북동쪽에서 온 셈족 계통의 힉소스 왕조(Hyksos, 애굽 15,16,17 왕조)였다. 힉소스 왕조는 타민족에 대해 관대한 정책을 사용했다. 힉소스 왕조는 이스라엘 백성이 애굽에 들어온지 약 300년이 지난 주전 1580년 경에, 애굽 제18왕조의 아흐모세 1세(Ahmose, 주전 1584−1560년)에 의해 무너졌다. 제18왕조는 순수한 애굽 본토인으로서, 이방인 힉소스인의 정권을 무너뜨리면서 요셉의 모든 업적까지 말살하고 토착왕조의 지배를 확립하여 나갔다. "요셉을 알지 못하는 새 왕"은 이 18왕조 가운데 세 번째 왕인 투트모세 1세(Thutmose 1, 주전 1539−1514년)이다. 투트모세 1세는 강한 탄압 정책을 펴 히브리인들이 감당하기 어려울 정도로 무거운 노동을 시켰다. 심지어는 새로 태어나는 히브리 사내 아이들을 나일 강에 던져 모조리 죽이는 민족 말살 정책까지 강행하였다. 이러한 때에 레위 지파 '아므람'과 '요게벳' 사이에서 모세가 태어났다. 모세를 나일 강에서 건져 낸 바로의 딸이 바로 투트모세 1세의 딸인 하쳅수트(Hatshepsut)이다.

(박윤식, 구속사 시리즈 2권: 잊어버렸던 만남(휘선 출판사, 2009), p.188−191)

말씀의 꽃 · 나만의 일독 큐티

말씀의 열매 · 기도제목

1월 19

진정한 능력

일독 성경 출애굽기 6장 1-9절(출애굽기 4-6장 中)

말씀의 씨앗

씨앗말씀 · 오늘 내게 심어진 한 절 말씀

모세가 바로에게 가서 백성들을 내어주기를 말하자 바로는 거절할 뿐 아니라 벽돌을 구울 때 쓰는 짚마저도 제공하지 않고 스스로 주워다가 하도록 힘들게 만들었습니다. 더 많은 일을 하게 된 이스라엘 백성들은 모세를 원망하고 모세는 자신이 행한 일이 실패한 것처럼 보이자 하나님께 가서 기도를 합니다. 우리의 인생에서 하나님이 주신 사명으로 알고 일을 행할 때에 때로는 말할 수 없는 고통과 고난과 절망이 찾아올 때가 있습니다. 일이 잘 풀리지 않기 때문입니다. 그러면 이렇게 생각합니다. 내가 아닌가? 이것이 아닌가? 분명히 하나님이 주신 사명인데 이렇게 어려워지고 더 안 좋은 일들이 많은가?

그러나 오늘 본문 말씀을 통하여 우리는 위로를 받습니다. 모세에게도 이러한 고민이 있었습니다. 그때 하나님은 이렇게 말씀하십니다.

"나는 너의 하나님이다. 나는 나의 약속을 기억하고 있다. 그리고 지킬 것이다."

어떠한 상황과 형편에 처하더라도 포기하지 마십시오. 하나님의 약속은 변하지 않습니다. 그것이 한 번 두 번 세 번 네 번 열 번을 반복한다 할지라도 결국 이루어지는 것은 하나님의 약속입니다. 오늘도 하나님의 약속의 말씀을 붙잡고 승리하는 삶을 살기를 소망합니다.

말씀의 가지

뱀을 잡는 법
1. 정신을 바짝 차려야 한다.
2. 끝이 갈라진 y자 모양의 긴 막대기로 뱀의 목 부분을 조준해서 찍어 누른다.
3. 다른 손의 엄지와 검지로 목 부분을 잡으면 뱀이 온몸으로 손을 칭칭 감는다.
4. 그러나 잡은 손은 물리지 않는다. 꼬리를 잡으면 바로 물리기 쉽다.

(네이버 지식백과 http://terms.naver.com)

하나님의 명령 "네 손을 내밀어 그 꼬리를 잡으라." (출4:4)
세상의 상식과 지식에 맞지 않는 것을 명하실 때, 자신의 판단과 경험을 완전히 무너뜨리는 명령에 어떻게 반응해야 할까?

말씀의 꽃 · 나만의 일독 큐티

말씀의 열매 · 기도제목

1월

20

나이가 아닌 믿음

일독 성경 출애굽기 7장 1–7절(출애굽기 7–8장 中)

말씀의 씨앗

씨앗말씀 · 오늘 내게 심어진 한 절 말씀

바로에게 가서 전하라는 하나님의 말씀을 듣고 모세와 아론은 순종합니다. 모세는 바로에게 신의 형상이 될 것이며 아론은 바로에게 모세의 입이 될 것입니다. 두 사람을 통하여 하나님의 모습이 증거됩니다. 믿음의 사람은 모든 말과 행동과 삶의 순간 순간이 신중해야 합니다. 우리를 통하여 하나님이 나타나시기 때문입니다. 우리의 삶을 통하여 하나님이 증거되십니다. 단 한순간도 포기하거나 흐트러질 수 없는 이유입니다. 모세와 아론이 바로에게 나갈 때에 나이가 모세는 80세, 아론은 83세였습니다. 나이는 숫자에 불과하다는 것은 멋진 광고 문구가 아니라 실제입니다.
힘이 없는 것이 아니라 힘이 없다고 생각하는 것입니다. 늦은 것이 아니라 늦었다고 생각하는 것입니다. 하나님의 때와 방법은 나이가 아니라 마음입니다.

지금 결단이 필요합니다. 늦었다고 생각하지 마십시오. 하나님의 때에 하나님께서 쓰십니다. 지금 내게 원하시는 하나님의 뜻이 무엇인가를 분별하십시오. 그리고 믿음으로 행하십시오. 지금이 바로 그때입니다. 모세와 아론이 나이와 상관없이 크게 쓰임받은 것처럼 저와 여러분의 삶을 사용하시는 하나님의 능력이 나타나기를 바랍니다. 비록 고통의 기간이 길어질 수는 있어도 막을 수는 없습니다. 하나님이 주신 사명은 반드시 이루어질 것이며 나타날 것입니다. 어떠한 시련이 와도 묵묵히 견디는 나무처럼 우리는 하나님 앞에서 행할 것입니다. 축복의 열매를 많이 맺는 삶이 되기를 소망합니다.

말씀의 가지

현인

애굽, 바벨론, 바사 등지에서 지혜자로 알려진 현자들(에 1:13). 당시 지혜자는 별을 보고 앞날을 예견하거나 술수를 부려 국가의 어려움을 타개하며, 왕의 자문이나 스승 역할을 하는 경우가 많았다. 그래서 이방 나라의 경우 현인들은 점성사나 술사, 또는 왕사나 국사로도 불렸다. 애굽에서 바로 왕의 꿈을 해몽한 점성가나 모세를 대적한 바로 왕의 술사들이 대표적이다(창 41:8; 출 7:11). 개역한글판에서는 '박사'로 번역된다.

(라이프 성경사전, 현인 magician(생명의말씀사, 2006))

말씀의 꽃 · 나만의 일독 큐티

말씀의 열매 · 기도제목

1월

21

메뚜기가 홍해에 빠지다

일독 성경 출애굽기 10장 12-20절(출애굽기 9-10장 中)

말씀의 씨앗

씨앗말씀 · 오늘 내게 심어진 한 절 말씀

바로가 이스라엘 백성을 놓아주지 않자 하나님께서 재앙을 내리시기 시작합니다. 일곱 번째 재앙이 우박이었습니다. 밭의 곡물들이 많이 상하였습니다. 그럼에도 내어주지 않습니다. 그러자 여덟 번째 재앙으로 메뚜기 떼를 보내어 남아 있는 곡식 마저도 다 갉아 먹어버리게 만듭니다. 동풍을 일으켜 메뚜기 떼를 모으자 하늘이 어두워질 정도로 많은 떼가 모였습니다. 이제 모두 굶어 죽게 생겼습니다. 바로가 다급하게 용서를 구합니다 그래자 서풍이 불어 메뚜기 떼를 거두어주셨습니다. 그러나 바로는 메뚜기 떼가 사라지자 다시 강퍅해져서 약속을 지키지 않았습니다.

이것이 바로 세상입니다. 당장의 해결을 위해 손을 뻗지만 문제가 사라지면 다시 배반을 합니다. 믿을 만한 것을 찾을 수 없습니다. 진실함을 느낄 수 없습니다. 그런 세상에 준비된 것은 심판입니다. 하나님은 기회를 주십니다. 참아주십니다. 그러나 심판이 사라지는 것은 아닙니다 결국 스스로 깨닫기를 원하십니다.

진짜 위기는 메뚜기 떼가 아니라 조건에 움직이는 간사한 마음입니다. 세상에 속한 기준입니다. 이러한 환경 속에서 끝까지 믿음을 지키고 하나님을 바라보며 승리하는 삶을 살기를 소망합니다.

말씀의 가지

네덜란드의 라이덴 박물관(Leiden Museum)에는 이푸워(Ipuwer)라는 이름의 고대 이집트인에 의해서 쓰여진 한 파피로스가 보관되어 있다.* 거기에는 일반 애굽 사람들이 겪었던 출애굽 당시의 재앙들에 대한 목격담이 기록되어 있다.**

"재앙은 온 땅을 휩쓸고 지나갔다. 피는 모든 곳에 있다. 강은 피로 변했다. 한 사람이 그것을 마시려고 했다. 그러나 마실 수 없었고 그는 목이 타들어 갔다. 오, 문과 기둥, 벽들은 모두 불타버렸다. 사람들은 거의 보이지 않는다. 형제들의 무덤 옆에 쓰러져 있는 사람들은 도처에 있다. 오, 그러나 왕궁에 있는 사람들은 지금도 인정하려 하지 않는다."***

*Catalogued as 'Leiden 344', it was discovered ing 1828, and translated in 1909 by Prof. Alan H. Gardner under the tile *The Admonitions of an Egyptian Sage from a Hieratic Papyrus*.

**Becher, M. The Ten Plagues – Live form Egypt, http://ohr.edu/yhiy/article.php/838

****The Ancient Egyptians*: A Sourcebook of Their Writings, Harper and Row(New York, 1996), pp.94–101

말씀의 꽃 · 나만의 일독 큐티

말씀의 열매 · 기도제목

1월

22

유월절 어린양

일독 성경 출애굽기 12장 1-12절(출애굽기 11-13장 中)

말씀의 씨앗

씨앗말씀 · 오늘 내게 심어진 한 절 말씀

흠 없는 어린양 숫컷을 가져다가 14일간 기르다가 잡아서 그 피를 문설주에 바르라고 말씀하십니다. 그리고 그 고기를 먹되 아침까지 남기지 말고 다 먹으라고 하십니다. 남은 것은 다 불사르라고 하십니다. 그리고 먹을 때에 허리에 띠를 띠고 발에 신을 신고 손에 지팡이를 잡고 급히 먹으라고 하십니다. 왜 그러셨을까요?

하나님은 우리의 순종을 기뻐하십니다.
오늘 상황 속에서는 "왜?"라는 질문이 아니라 "네"라는 대답을 원하십니다.

이제 출애굽이 되더라도 먼 광야길을 걸어야 합니다. 돌아돌아 40년을 걷는 미래가 기다리고 있습니다. 이것을 감당하는 유일한 길은 "왜"라고 질문하는 것이 아니라 "네"라고 순종하는 것밖에 없습니다. 어린양이 말없이 죽어 그 피가 발라진 집마다 장자의 죽음을 면하게 되는 것처럼 우리에게 생명은 순종입니다. 어린 양의 죽음으로 구원받은 이스라엘 백성의 모습은 바로 십자가의 죽음을 통하여 장차 구원의 큰 섭리를 나타내실 예수님의 사랑에 이르기까지 연결됩니다. 예수님이 유월절 어린양이 되시사 친히 그 희생과 아픔을 담당하시고 우리를 살리셨습니다. 이제는 우리에게 참된 소망이 있음을 감사함으로 고백하고 날마다 주님 주신 생명의 기쁨이 넘치는 삶이 되기를 소망합니다.

말씀의 가지

유월절(逾越節) 또는 과월절(過越節), 페사흐(히브리어: פסח), 파스카(라틴어: Pascha)는 유대인들이 이집트 왕국의 노예 생활로부터 탈출한 사건을 기념하는 날로 유대교의 3절기 중 봄에 지내는 절기이다.
때문에 '하그 에 아비브'(봄축제)라고도 하며 노예 생활로부터의 탈출을 강조하는 의미에서 '즈만 헤루테누'(자유의 때)라고도 한다. 날짜는 유대력 니산월(1월) 14일 저녁에 시작해 15일까지이다(레위기 23:5). 유월절을 가리키는 여러가지 단어들의 의미는 '넘어간다'라는 의미를 가지고 있다.

(위키백과, 유월절 http://ko.wikipedia.org)

말씀의 꽃 · 나만의 일독 큐티

말씀의 열매 · 기도제목

1월

23 마른땅을 건너다

일독 성경 출애굽기 14장 15–31절(출애굽기 14–16장 中)

말씀의 씨앗

씨앗말씀 · 오늘 내게 심어진 한 절 말씀

이스라엘 백성을 보내고서 바로가 다시 강퍅해졌습니다. 군사를 보내어 다시 잡아들이려고 쫓아옵니다. 부지런히 이동해 보지만 눈앞에 기다리고 있는 것은 홍해였습니다 앞과 뒤가 다 막혀버렸습니다. 모세를 원망하고 슬퍼하며 부르짖습니다. 이때 하나님은 어찌하여 부르짖느냐고 하시면서 명령하여 앞으로 가라고 하십니다. 우리가 하나님의 일을 행할 때에 긴급하게 추진해야 하는 일들이 있습니다. 그때 함께 동역하는 성도에게 함께하자고 하면 대부분 기도하고 하겠다고 말합니다. 물론 대부분 맞는 말입니다. 그러나 때로는 행동이 기도가 될 때가 있습니다. 바로 홍해 앞에 서 있는 이스라엘 백성에게 요청하시는 하나님의 명령입니다. 지금은 부르짖을 때가 아니라 앞으로 전진할 때다. 이것이 응답이었고 이것이 하나님의 뜻입니다.

이미 하나님의 뜻이 선포된 곳에서 다시 기도하는 것이 아니라 순종하는 것이 필요합니다. 하나님의 강력한 부르심 앞에서 즉시 순종이 필요할 때에 행동하는 기도가 나타나기를 소망합니다. 그때 하나님은 바다에 마른땅을 예비하시고 건너게 하셨습니다. 가장 큰 위기 속에서 가장 놀라운 기적을 베푸신 하나님을 신뢰하십시오. 그리고 끝까지 이겨내기를 소망합니다.

말씀의 가지

홍해

아프리카 대륙과 아라비아 반도 사이에 있는 좁고 긴 바다. 인도양과는 바브엘만데브 해협, 지중해와는 수에즈 운하로 이어진다. 고대 이집트 시대부터 해상 교통로 역할을 해 왔는데 이슬람 제국 시대에는 인도, 페르시아, 동아프리카를 연결하는 중요 항로였고 1869년 수에즈 운하 개통 뒤에는 아시아, 오스트레일리아, 유럽을 잇는 중요한 해상 교통로 역할을 해 왔다. 바닷속에 있는 해조 때문에 물빛이 붉은 빛을 띠는 일이 있으므로 홍해라고 불린다.

동아프리카 지구대의 북쪽 연장에 해당하며 두 개의 대단층으로 이루어진 요지에 물이 괴어 형성되었다. 건조 지대에 자리 잡고 있으므로 해수의 증발도가 매우 높으며, 와디 외에는 항상 유입하는 하천이 없기 때문에 염분이 많다. 페르시아 만과 함께 세계에서 가장 염도가 높은 바다로 알려져 있다. 동서 양안에는 절벽이 많고, 연안에는 산호초가 발달되어 있어 양항이 적으나 아라비아 반도 연안에는 아코바, 지다, 아프리카 연안에는 수에즈, 포트수단 등의 항구가 있다.

(세계지명 유래사전, 홍해)

말씀의 꽃 · 나만의 일독 큐티

말씀의 열매 · 기도제목

1월

24

홀로 있지 마라

일독 성경 출애굽기 18장 13-27절(출애굽기 17-19장 中)

말씀의 씨앗

씨앗말씀 · 오늘 내게 심어진 한 절 말씀

모세가 백성들의 송사를 판결해 주고 도와주는 역할을 홀로 감당합니다. 그러다 보니 모세를 기다리는 줄이 줄지를 않습니다. 모세의 장인 이드로가 와서 말합니다. 왜 혼자 하고 있느냐? 이렇게 하면 기력이 쇠하여 결국 혼자 할 수 없으리라. 이제 천부장과 백부장과 오십부상과 십부장을 삼아 관리하게 하고 그들이 스스로 재판하도록 가르치라. 모세가 장인의 말대로 행하여 꼭 해야 되는 것만 하고 나머지는 자체적으로 해결하게 됩니다. 이것이 조직의 가장 기본 원리입니다. 아무리 능력이 있는 사람도 홀로 감당할 수 없습니다.

하나님은 장인을 통하여 모세에게 운영을 잘할 수 있도록 만들어 주십니다. 부족한 말은 형을 통하여 응답해 주시고 부족한 행정력은 장인을 통하여 채워 주십니다. 우리가 믿음으로 신앙생활을 하며 교회에 봉사를 하고 살아갈 때에 체계적인 것은 단순한 형식이 아니라 지혜입니다. 함께 나누어 더 많은 일을 감당할 수 있게 됩니다. 하나님의 일을 지혜롭게 팀을 이루어 잘 감당하기를 소망합니다.

말씀의 가지

아말렉과의 전쟁!

장소: 르비딤 골짜기

의미: 출애굽 이후 이스라엘 백성의 첫 번째 전쟁(훈련된 병사가 아니었음)

과정

ㄱ. 모세가 산 꼭대기에 올라가 손을 들어 기도함.

ㄴ. 아론과 훌이 모세가 손을 계속 들 수 있게 도와줌.

ㄷ. 여호수아가 백성들을 이끌고 싸움을 이끔.

결과: 이스라엘의 승리, 제단을 쌓고 그 이름을 여호와 닛시*라 칭함.

(출애굽기 17장 8-16절)

*여호와 닛시: 여호와는 나의 깃발

말씀의 꽃 · 나만의 일독 큐티

더 생각해 보기

1. 왜 모세는 혼자서 일을 감당하고 있었을까?(14-15절)
2. 때로 우리는 혼자서 일을 맡으려 하거나, 혹은 반대로 한 사람에게만 모든 일을 맡기려 하지는 않는가?
3. 이드로가 모세에게 준 올바른 충고처럼 나 역시 누군가에게 충고를 해야 할 때도, 혹은 받아야 할 때도 있다. 우리는 그 충고의 기준을 어디에 맞춰야 할까?(23절)
4. 충고를 하기 전 먼저 해야 할 행동들은 무엇이 있을까?

1월 **25**

십계명

일독 성경 출애굽기 20장 1-17절(출애굽기 20-22장 中)

말씀의 씨앗

씨앗말씀 · 오늘 내게 심어진 한 절 말씀

하나님은 시내산에서 모세에게 십계명을 주십니다. 너는 나 외에는 다른 신들을 네게 두지 말라. 우상을 만들지 말라. 내 이름을 망령되게 부르지 말고 안식일을 기억하여 거룩하게 지키라고 말씀하십니다. 하나님을 위해서 내가 지켜야하는 것으로 생각하지만 속으로 깊이 들어가면 4계명까지는 하나님이 우리를 지켜주시는 것입니다. 내가 너의 참 하나님이라는 분명한 약속입니다. 부모를 공경하라. 살인하지 말라. 간음하지 말라. 도둑질하지 말라. 거짓 증거하지 말라. 이웃집의 소유를 탐내지 말라는 말씀은 결국 진심으로 사랑을 실천하라는 말씀입니다. 거짓 사랑은 자신뿐만 아니라 함께 관계된 모든 사람을 아프게 하고 힘들게 합니다. 그러나 진실한 사랑은 이 모든 것을 아름답게 만들어 줍니다.

결국 하나님을 믿는 믿음으로 사랑을 베풀고 살아갈 때에 우리는 예수님이 말씀하신 대로 하나님을 사랑하고 이웃을 사랑하는 율법의 완성을 삶으로 나타낼 수 있습니다. 복잡하고 강압적인 법이 아니라 우리를 사랑하시되 끝까지 사랑하신 하나님의 사랑을 깨닫고 날마다 말씀대로 순종하여 승리하는 삶이 되기를 소망합니다.

말씀의 가지

십계명			
1계명	다른 신들을 네게 두지 말라	하나님 사랑	믿음
2계명	우상을 만들지 말라		
3계명	네 하나님의 이름을 망령되게 부르지 말라		
4계명	안식일을 기억하여 거룩하게 지키라	이웃 사랑	행함
5계명	네 부모를 공경하라		
6계명	살인하지 말라		
7계명	간음하지 말라		
8계명	도둑질하지 말라		
9계명	네 이웃에 대하여 거짓 증거하지 말라		
10계명	네 이웃의 집을 탐내지 말라		

말씀의 꽃 · 나만의 일독 큐티

말씀의 열매 · 기도제목

1월

26

기쁨의 헌금

일독 성경 출애굽기 25장 1-9절(출애굽기 23-25장 中)

말씀의 씨앗

씨앗말씀 · 오늘 내게 심어진 한 절 말씀

하나님께서 모세를 통하여 이스라엘 자손에게 예물을 가져오라고 말씀하십니다. 각양각색의 실과 가죽과 보석과 향료와 기름과 향품을 요청하십니다. 특별히 기쁜 마음으로 가져오는 것을 받으라고 말씀하십니다. 강요가 아닌 자발적인 참여를 기대하고 계신 것입니다. 내가 드리는 것 같지만 하나님이 이미 만드신 것입니다. 내게 맡겨주신 것입니다. 내게 허락하신 것입니다. 그래서 하나님 앞에 드릴 수 있는 것입니다. 없는 것을 드릴 수는 없습니다.

결국 교회의 봉사도 헌금도 선교도 헌신도 모두 스스로 할 때에 의미가 있습니다. 어쩔 수 없이 하는 일은 한 번 이상 하지 않게 됩니다. 그러나 스스로 하는 일은 반복을 해도 지루하거나 지치지 않고 잘 감당합니다. 하나님이 주신 것을 기억하면서 감사할 수 있습니다.

하나님이 내게 주신 은사가 무엇인가 살펴보고 시간과 재능을 하나님 앞에 즐겁게 드리십시오. 그리고 내게 주신 작은 물질이라도 하나님이 주셨음을 감사하십시오. 이것은 다른 이를 위한 노력이 아니라 하나님 말씀에 대한 순종이며 하나님을 기쁘시게 해 드리는 것입니다. 내 기준에 맞추는 것이 아니라 순종함과 기쁨으로 날마다 그 은혜를 누리는 삶이 되기를 소망합니다.

말씀의 가지

수장절

한 해 농사를 마무리 짓고 곡식을 저장하면서 지키던 절기(출 23:16, 34:22). 본래 곡식을 자라게 하시고 추수할 수 있게 도우신 하나님께 감사하는 의미로 지킨 절기였으나, 이스라엘 민족의 구원 역사와 연관되면서 출애굽과 광야 생활 동안 지키고 보호해 주신 하나님의 은혜에 감사하는 절기로 지켜졌다. 유대 종교력 7월 15일부터 일주일 동안 지켰는데, 장막을 짓는 절기라 하여 '장막절', 풀로 장막을 만든다 하여 '초막절', 또 추수가 끝난 뒤 갖는 감사절의 성격이 강하다 하여 '수장절'로 불린다.

수장절 절기를 지키는 방법으로는 ① 7일 동안 광야에 초막을 짓고 기거한다. ② 초막에서 생활하는 동안 매일 화제를 드리고 8일째는 절기를 마감하는 대성회를 갖는다. ③ 1년 동안 수고하여 거둔 곡식과 과일을 하나님께 드리고 함께 나누며 즐기는 추수감사제의 성격이 강하다. 이런 수장절은 성도들이 장차 주님께서 친히 다스리시는 나라에서 평화와 기쁨의 삶을 살아가게 될 것을 예표하는 절기라 할 수 있다.

(라이프 성경사전, 생명의 말씀사 http://www.lifebook.co.kr)

말씀의 꽃 · 나만의 일독 큐티

말씀의 열매 · 기도제목

1월
27
영원히 불을 끄지 마라

일독 성경 출애굽기 27장 20-21절(출애굽기 26-28장 中)

말씀의 씨앗

씨앗말씀 · 오늘 내게 심어진 한 절 말씀

하나님께서 성막을 관리하는 방법에 대하여 정해 주십니다. 특별히 등불을 채우는 기름은 감람으로 짠 순수한 기름으로 하고 끊이지 않게 하라고 말씀하십니다. 그리고 휘장 밖에서 저녁부터 아침까지 항상 보살피라고 말씀하십니다. 또한 이것을 대대로 지켜야 한다고 말씀하십니다. 빛은 하나님의 상징입니다. 아침 햇살과 같이 하나님의 영광의 빛이 온 세상을 밝히고 만물이 성장하게 만들어 줍니다. 불이 꺼지지 않게 관리하는 것은 결국 하나님의 임재하심에 대한 우리의 태도입니다. 우리 마음에 한시도 하나님을 떠나지 않고 그 빛을 의지하여 피할 것과 취할 것을 구별하게 됩니다. 어둠 속에서는 알 수도 지날 수도 없습니다. 그냥 기름이 아니라 섞이지 않은 순수한 기름을 통하여 만들어진 불입니다. 하나님께 드리는 마음은 세상과 공유될 수 없습니다. 또한 하나님의 빛은 어둠이 공존하지 않습니다.

우리를 사랑하시되 끝까지 사랑하시고 기름이 타서 빛을 내듯이 십자가에서 마지막까지 우리에 대한 사랑을 멈추지 않으셨습니다. 성막의 꺼지지 않는 불과 같이 평생 하나님을 바라보고 의지하여 승리하는 삶이 되기를 소망합니다.

말씀의 가지

성막

유대인들은 성전을 가지기 전까지 성막이라는 대형 천막을 사용했다. 성막은 이집트에서 탈출해 가나안의 새 터전으로 이동하는 기간에 사용되었다. 말하자면 '이동식 성전'이었던 셈이다. 성막의 모습, 크기, 사용된 천, 목재, 제단 등에 관해서는 출애굽기 26-27장과 35-38장에 상세한 설명이 있다. 성막의 가장 안쪽에는 이스라엘의 제사장 외에는 아무도 들어갈 수 없는 지성소라는 구역이 있었다. 성막의 관리는 모세와 아론이 속한 부족인 레위족이 담당했다. 예루살렘을 이스라엘의 수도로 만든 다윗은 왕으로 재위할 때 신을 위한 성전을 짓고 싶었지만, 그 소망은 그의 아들 솔로몬이 실현했다. 성전이 건설되자 성막은 필요가 없어졌다.

성막이라는 말은 1800년대에 새로운 조명을 받았다. 미국과 각지의 복음파는 대형 천막을 짓고 그것을 성막이라고 부르며 종교 부흥회를 열었다. 이 말은 이중의 의미였다. 말 그대로 대형 천막일 뿐 아니라 출애굽기에서처럼 신을 만나는 장소라는 의미도 있었다. 어떤 교회는 바로 그 이유 때문에 '성막파'라고 자칭하기도 했다. 가톨릭교회에서 성막은 성찬식에 사용할 성별된 빵을 보관하는 작은 방을 가리킨다. 출애굽기에 나오는 또 다른 천막으로 '회막'이 있다. 모세는 이곳에 들어가 신에게 인도해 달라고 기도했다. 신이 내려올 때 회막은 구름 기둥으로 휩싸였다(출애굽기 33:7-11).

(바이블 키워드, 성막)

말씀의 꽃 · 나만의 일독 큐티

말씀의 열매 · 기도제목

1월

28

매일 기도

일독 성경 출애굽기 29장 38-46절(출애굽기 29-31장 中)

말씀의 씨앗

씨앗말씀 · 오늘 내게 심어진 한 절 말씀

하나님은 매일 아침과 저녁으로 어린양을 제물로 드리라고 말씀하십니다. 집집마다 드리는 것이 아닙니다. 하나님의 성막에서 드리라는 것입니다. 결국 모든 백성이 한 마음으로 드리라는 것입니다. 우리의 교회가 가지는 중요한 의미입니다. 제사를 예배라고 표현한다면 우리의 교회는 예배가 중요합니다. 형식적이고 내 삶에 맞춘 예배가 아니라 하나님이 원하시는 것이 무엇인가를 살피는 노력이 필요합니다. 날마다 아침 저녁으로 말씀하신 것에 맞추어 양과 곡식을 포도주를 부어 제사하는 것이 쉬운 일은 아니었을 것입니다. 그러나 그것이 제사장의 사명이었습니다. 요즘 양을 잡아 태우는 제사로 예배하는 교회는 없습니다. 그러나 기억할 것은 신약시대 이후로 제사가 축소된 것이 아닙니다. 오히려 제사장의 몫이었던 것이 모든 믿는 사람들의 몫으로 바뀌었습니다.

이제 누군가가 해 주는 제사가 아니라 내 스스로가 아침과 저녁으로 그리고 시간을 구별하여 기도하고 예배해야 합니다. 하나님께 삶을 드려야 합니다. 왜냐하면 이제는 우리의 기도를 제사장에게 가서 드리는 것이 아니라 각자가 직접 제사장의 권한과 책임을 다하도록 바뀌었기 때문입니다. 더 커지고 깊어졌습니다. 오늘도 우리를 왕 같은 제사장으로 삼아 주시고 인도하시는 하나님 앞에 성실하게 예배하며 승리하는 삶이 되기를 소망합니다.

말씀의 가지

올리브는 성서의 중요 식물 중 하나이다. 사사기에서 아비멜렉을 왕으로 삼자 요담이 세겜 사람들에게 비유로 말한 대목에서 볼 수 있듯이, 익은 올리브 열매의 씨를 제거한 과육에서 짠 기름을 올리브유라 한다(삿 9:8-9).

첫 번째 짠 기름은 버진 오일이라 하여 깨끗하게 하는 기름으로서 종교 의식에 긴히 쓰였다. 모세가 아론에게 기름을 부어 성결하게 한 후에 사제로 삼은 것이나(출 40:13-15), 제단에 번제물을 드린 것(출 29:38-40) 등이 모두 이 버진 오일이다.

(최영전, 성서의 식물(아카데미서적, 2008), p.10-11)

말씀의 꽃 · 나만의 일독 큐티

말씀의 열매 · 기도제목

1월

29

언약의 하나님

일독 성경 출애굽기 34장 5-14절(출애굽기 32-34장 中)

말씀의 씨앗

씨앗말씀 · 오늘 내게 심어진 한 절 말씀

하나님은 구름 가운데 모세에게 임하셨습니다. 나는 자비롭고 은혜롭고 인자와 진실이 많은 하나님이라고 말씀하십니다. 그리고 죄를 용서하되 악을 행하는 사람은 삼사대까지 보응하겠다고 심판의 말씀을 전하십니다. 모세가 급히 엎드려 고백합니다. 우리는 목이 뻣뻣한 백성입니다. 우리의 죄를 사해 주시고 하나님의 기업으로 삼으시옵소서. 그때 하나님께서는 모세를 통하여 언약을 세워 주십니다. 네가 내 명령을 지켜 행하면 내가 보호할 것이라고 말씀하십니다. 그러면서 우리가 지켜야 하는 것은 우상을 버리고 욕심을 버리고 오직 하나님을 섬기라는 것입니다.

하나님이 하시는 말씀은 언제나 동일합니다. 전하실 때마다 바뀌지 않습니다. 한결같이 우리를 사랑하시고 이제는 그 사랑을 전하기를 원하십니다. 하나님의 임재하심을 우리는 의심할 필요가 없습니다. 왜냐하면 모세를 통하여 이미 보여 주셨기 때문입니다. 떨기나무 불꽃 가운데 임하셨고 오늘을 구름 가운데 임하셨습니다. 말씀을 통하여 이제는 믿음을 가지고 쉽게 흔들리지 않고 하나님의 살아계심을 선포하며 살아가기를 소망합니다.

말씀의 가지

초막절이란? [feast of booths, 草幕節]

수장절이라고도 하며, 유월절(과월절) 및 칠칠절(맥추절, 오순절)과 함께 이스라엘의 3대 절기이다(출 34:22). 절기를 축하하는 동안 장막집에서 살던 그들의 습관에서 나왔으며, 선조들이 40년 동안 장막에서 살며 방랑하던 유목생활을 기억하여 기념하는 절기이다. 유대력으로 티쉬레이 달(Tishrei, 태양력의 9–10월)의 15일(추분일에 가까운 보름달)부터 1주간 지켜졌는데, 첫날과 마지막 날에는 성회가 열렸다. 농사력이 끝나는 가을에 지켜졌다.

일 년 중 가장 마지막 절기이며 큰 절기로 여겼는데, 초막절은 단순히 명절이라고 언급되었다(요 5:1). 회당에서는 전도서가 낭독되고, 성전에서는 성대한 희생제사가 연일 행해졌다. 또한 절기가 끝나는 날에는 비와 이슬의 은혜를 구하는 기도가 행해지고, 실로암 못에서 물을 길어 매일 제단에 붓는 행사가 행해졌다(요 7:37–38). 예수 그리스도가 이날 물의 설교를 한 것은 뜻깊은 일이다(요 4장).

(두산백과, http://www.doopedia.co.kr)

말씀의 꽃 · 나만의 일독 큐티

말씀의 열매 · 기도제목

1월

30 흔들어 남는 은혜

일독 성경 출애굽기 36장 1-7절(출애굽기 35-37장 中)

말씀의 씨앗

씨앗말씀 · 오늘 내게 심어진 한 절 말씀

하나님의 성소에 필요한 것을 만드는 사람들을 모으십니다. 특히 브살렐과 오홀리압과 하나님이 지혜주신 모든 자를 모아 그 일을 감당하게 하십니다. 능력 있는 사람이 하나님의 일을 감당하는 것 같지만 아닙니다. 하나님의 일을 감당하도록 하나님께서 지혜와 능력과 힘을 주십니다. 그렇기 때문이 우리에게 필요한 것은 내게 주신 은사와 믿음과 결단입니다. 이들이 성소에 대하여 일을 하도록 사람들이 예물을 가져오는데 아주 많이 가져왔습니다. 오히려 너무 넘쳐서 이제 그만 가져와도 된다고 공포를 합니다. 말씀에서는 지금까지의 재료가 모든 일을 하기에 넉넉하여 남음이 있었다고 표현하고 있습니다.

주님 주신 마음으로 하나가 된다면 부족하여 가슴 졸이는 상황이 아니라 오히려 부족함 속에서도 힘을 합치고 마음을 합치고 쓰고 남음이 있도록 부어 주십니다. 예수님께서 모인 무리를 불쌍히 여기셨을 때에 물고기 두 마리와 떡 다섯 조각이 모든 회중이 먹고 열두 광주리가 남는 기적이 일어났습니다. 이것이 하나님의 마음입니다. 하나님의 일을 감당할 때에 주시는 은혜와 축복입니다. 우리의 계획이 아닌 하나님의 인도하심에 순종함으로 무슨 일이든지 감사로 감당하는 삶이 되기를 소망합니다.

말씀의 가지

분향단

제사장이 하나님께 분향을 드리던 제단. 성소 안의 휘장 바로 앞 중앙에 위치한 성물이다(출 30:6, 40:5, 26). '여호와 앞에 있다'고 했다(레 4:7; 왕상 9:25). 크기는 가로 1규빗(약 45.6 ㎝), 세로 1규빗, 높이 2규빗이며 조각목(아카시아나무)으로 만든 뒤 금을 입혔고, 네 모퉁이에 뿔이 있었다(출 37:25-28). 향을 사르는 제단이라 하여 '향단'(출 30:10; 대상 6:49), 금으로 제작되었다 하여 '금단'(출 39:38; 민 4:11)으로 불리기도 했다.

분향단과 관련한 규례들을 요약하면, ① 거룩한 관유를 발라 구별했다(출 30:25-28). ② 제사장이 매일 아침저녁 이곳에서 향을 살랐다(출 30:7-8). ③ 대대로 여호와 앞에 끊이지 말아야 했다(출 30:8). ④ 지정된 것 외에 다른 향을 사르지 말아야 했다(출 30:9). ⑤ 대제사장이 속죄제의 피로 1년에 한 번씩 속죄했다(출 30:10; 레 16:18-19). ⑥ 모든 속죄제물의 피를 향단 뿔에 발랐다(레 4:7, 18). ⑦ 행진할 때에 청색 보자기로 덮고 운반했다(민 4:6, 11). ⑧ 경건을 잃은 형식적 분향은 하나님이 가증히 여기신다(사 1:13).

(라이프 성경사전, 생명의 말씀사 http://www.lifebook.co.kr)

말씀의 꽃 · 나만의 일독 큐티

말씀의 열매 · 기도제목

1월 31

여호와의 영광

일독 성경 출애굽기 40장 32-38절(출애굽기 38-40장 中)

말씀의 씨앗

씨앗말씀 · 오늘 내게 심어진 한 절 말씀

성막이 완성되자 구름이 회막을 덮고 여호와의 영광이 성막에 충만하게 임합니다. 모세가 감히 회막 안으로 들어가지 못하였습니다. 그리고 광야에서 구름이 성막 위에 떠오를 때에 전진하였고 구름이 없을 때에 움직이지 않고 기다렸습니다. 낮에는 구름 기둥이 밤에는 불이 그 구름 가운데에 있음을 모든 백성이 행신하는 길에서 눈으로 보았습니다. 행진이 먼저가 아니라 성막이 먼저였습니다.

우리는 세상에 살면서 교회에 가는 것이 아니라 교회의 성도로서 세상에서 살아가는 것입니다. 생각과 마음의 중심이 어디에 있는가가 중요합니다. 이스라엘이 가나안으로 가는 길에 진정으로 중요한 것은 하나님의 임재하심이었습니다. 그리고 하나님의 사인이었습니다. 하나님이 말씀하신대로 행하였습니다.

하나님 백성이 된다는 것은 물질적 축복이나 자랑으로 증거되는 것이 아닙니다. 오직 주의 영광에 의지하여 하나님이 말씀하신 대로 보여 주신 대로 순종하며 살아가는 것입니다. 비록 광야라 할지라도 하나님의 구름은 세상 어느 곳에도 없었습니다. 광야에서 험난한 길을 걷고 있는 이스라엘 백성 가운데 성막 위에 있었습니다. 우리의 인생 가운데 고난의 길이라도 하나님과 동행하는 것이 생명입니다. 끝까지 승리하는 삶이 되기를 소망합니다.

말씀의 가지

출애굽기에 언급된 보석들

제사장의 흉패에 달았던 12개의 보석이다(출 28:17-21, 39:10-14).

흉패는 금실과 청색, 자색, 홍색의 세마포로 만들었는데 여기에는 이스라엘 열두 지파의 이름을 하나씩 새긴 보석을 달았다.

흉패에 달았던 보석은 세 개씩 넉줄을 달았는데, 첫째 줄은 홍보석, 황옥, 녹주옥, 둘째 줄은 석류석, 남보석, 홍마노, 셋째 줄은 호박, 백마노, 자수정, 넷째 줄은 녹보석, 호마노, 벽옥이었다.

(두란노 비전 성경 사전, http://www.duranno.com)

말씀의 꽃 · 나만의 일독 큐티

더 생각해 보기

1. 회막에 들어갈 때와 제단에 가까이 갈 때 왜 씻으라 하셨을까?(32절)
2. 구름이 회막 위에 덮일 때 왜 모세는 들어갈 수 없었을까?(34-35절)
3. 오늘날의 구름 기둥과 불 기둥은 무엇을 의미할까?(36-38절)
4. 성막은 하나님께 예배드리는 곳으로서 들어가는 길은 오직 하나뿐이었다. 오늘날 우리들이 들어갈 수 있는 오직 한 길은 무엇인가?

주일 설교 노트

날짜 . . .

주일 설교 노트

날짜 . . .

주일 설교 노트

날짜 . . .

주일 설교 노트

날짜 . . .

주일 설교 노트

날짜 . . .

2월

순종

obey

레위기 1장 - 신명기 34장

JUM 성경읽기표

· 2월 ·

1	레위기 1-4장	
2	레위기 5-8장	
3	레위기 9-12장	
4	레위기 13-15장	
5	레위기 16-19장	
6	레위기 20-23장	
7	레위기 24-27장	
8	민수기 1-4장	
9	민수기 5-8장	
10	민수기 9-12장	
11	민수기 13-16장	
12	민수기 17-20장	
13	민수기 21-24장	
14	민수기 25-28장	
15	민수기 29-32장	
16	민수기 33-36장	
17	신명기 1-3장	
18	신명기 4-6장	
19	신명기 7-9장	
20	신명기 10-12장	
21	신명기 13-15장	
22	신명기 16-18장	
23	신명기 19-21장	
24	신명기 22-24장	
25	신명기 25-27장	
26	신명기 28-30장	
27	신명기 31-32장	
28	신명기 33-34장	

2월

1

부서진 마음, 회복된 신앙

일독 성경 레위기 2장 1-10절(레위기 1-4장 中)

말씀의 씨앗

씨앗말씀 · 오늘 내게 심어진 한 절 말씀

구약 시대 제사는 번제, 소제, 화목제, 속죄죄, 속건제로 이루어집니다. 화목제 안에 감사제, 서원제, 자원제가 들어갑니다. 이 중에서 소제는 곡물을 제물로 드리는 화제입니다. 즉, 곡물을 태워서 그 향기로 제사를 드립니다. 그런데 곡물을 드릴 때에 말씀을 살펴보면 고운 가루로 드리는 것을 볼 수 있습니다. 설탕도 가루이지만 거친 가루입니다. 알갱이가 보이죠. 그런데 제사에 쓰기 위한 준비로 고운 가루를 준비하여 기름을 넣고 뭉치거나 무교병을 만들거나 삶아서 제단에 올리게 됩니다. 제단에 놓기 위해서는 기름을 넣든 삶든 분명한 것은 고운 가루로 만들어야 가능하다는 것입니다. 정성이 필요합니다. 고운 가루가 되기까지 부서지고 부서져야 합니다.

하나님 앞에 드려지는 것은 가장 고운 것으로 사용됩니다. 우리의 제사는 이렇게 정성을 다해야 합니다. 우리의 삶은 이렇게 드려져야 합니다. 고운 가루의 묵상을 통하여 우리의 마음이 준비된 예배자로 다시 한 번 드려지기를 소망합니다.

말씀의 가지

레위기의 히브리 명칭은 책의 첫 글자를 제목으로 삼는 히브리인들의 관습에 따라 '웨이크라'로 불리는데, '그리고 그가 부르시니'라는 의미이다.

헬라어 역본인 70인역(LXX)에서는 '레위인에게 속한'이란 뜻으로 '류이티콘'이라 명명하였는데, 라틴어 역본인 벌게잇(Vulgate)의 '레비티쿠스(LEVITICUS)'나, 영어 성경, 개역성경의 제목들은 모두 여기서 유래된 것이다. 이 제목은 본서 내용의 많은 부분이 레위인이나 레위인에게 속한 제사장들의 사역에 할애되고 있는 것을 반영한 것이다.

(라이프 성경사전, 생명의 말씀사 http://www.lifebook.co.kr/)

말씀의 꽃 · 나만의 일독 큐티

말씀의 열매 · 기도제목

2월

2 꺼지지 않게 하라

일독 성경 레위기 6장 1-13절(레위기 5-8장 中)

말씀의 씨앗

씨앗말씀 · 오늘 내게 심어진 한 절 말씀

부지불식간에 지은 죄에 대하여 사함을 받는 제사가 속건제입니다. 제물을 드리고 제사장으로부터 사함을 인정받습니다. 진정으로 회개하는 마음으로 제사를 드립니다. 특히 번제에 대한 규례를 말씀하시면서 아침까지 번제물을 석쇠에 놓고 제단의 불이 꺼지지 않게 하라고 하십니다. 그리고 제사장은 세마포 긴 옷을 입고 속바지로 하체를 가리고 번제의 재를 가져다가 제단 곁에 두고 또 옷을 갈아입고 그 재를 진영 바깥 정결한 곳으로 가져가라고 하십니다. 제단 위의 불은 항상 피워 꺼지지 않게 하라고 하십니다. 등잔불과 마찬가지로 하나님 앞에 드려지는 제사와 밝히는 등불은 모두 한결같아야 함을 보게 됩니다. 그것을 지키는 마음이 바로 하나님을 경외하는 마음입니다.

순종의 태도와 경건의 마음이 없다면 지킬 수 없습니다. 꺼지지 않게 하라는 말씀은 비단 불이 아니라 우리의 믿음이요, 순종하는 삶에 대한 하나님의 요청으로 들립니다. 날마다 회개하고 나를 정결하게 하며 오직 하나님을 바라보고 승리하는 삶이 되기를 소망합니다.

말씀의 가지

속죄제

죄를 속하기 위해 하나님께 드린 희생제사(출 29:14; 레 5:6-10). 속죄제는 도덕적 허물뿐만 아니라 해산이나 나병과 같은 의식적인 부정으로부터 정결함을 얻기 위해서도 행해졌다. 또 주요 절기와 제사장들의 위임식에서도(출 29:9-34; 레 8:10-14) 잠재해 있는 죄의 오염을 없애는 의식으로 행해졌다. 때문에 속죄제는 한편으로 죄의 전염성을 제거하고 다른 한편으로 죄를 희생제물에 전가하는 두 가지 측면을 내포한 의식이었다. 죄를 전가할 때는 제물을 드리는 자나 제사장이 희생제물의 머리 위에 손을 얹는 방식으로 이루어졌다(출 29:10, 19; 레 1:4, 3:2, 8, 13). 또 제사장은 희생제물의 피를 제단에 뿌려 성별하고 그 핏방울을 제물을 드리는 자의 오른쪽 귀, 엄지 손가락, 엄지 발가락에 발랐다(출 29:20; 레 8:23-24, 14:14, 25). 이런 의식을 통해서 이스라엘 백성은 죄를 사함받을 수 있었다. 그중에서도 매년 7월 10일은 대속죄일로서 온 백성을 위한 속죄제가 드려졌다(레 23:27).

(라이프 성경사전, 생명의 말씀사 http://www.lifebook.co.kr/)

말씀의 꽃 · 나만의 일독 큐티

말씀의 열매 · 기도제목

2월

3

불순종의 제사

일독 성경 레위기 10장 1-7절(레위기 9-12장 中)

말씀의 씨앗

씨앗말씀 · 오늘 내게 심어진 한 절 말씀

아론의 아들 나답과 아비후는 제사장입니다. 어느날 그들은 자신들의 불로 분향을 하였습니다. 그때 그 불이 올라와 그들을 살라 죽이게 됩니다. 여호와의 불이 아닌 자신의 불로 분향하였기 때문입니다. 모세와 아론이 그 앞에 섰습니다. 아론은 한마디도 하지 않고 있습니다. 모세는 아론에게 하나님의 뜻대로 살며 영광을 돌리라고 권면합니다. 그리고 슬퍼하지 말라고 합니다. 죽은 나답과 아비후는 모세에게도 조카들입니다. 그도 슬픔이 있습니다. 그러나 하나님의 뜻대로 권면하고 있습니다. 모세는 나답과 아비후를 옷을 입힌 채 내보냅니다. 성막에서 나갈 때 제사장은 옷을 벗어야 합니다. 그러나 이미 불순종으로 더럽혀진 그들에게 입혀진 옷은 그 옷도 성막에 머물 수 없게 됩니다.

우리에게 순종은 무엇입니까? 우리의 불로 화려하게 드려지는 제사가 아니라 하나님이 원하시는 대로 드리는 것입니다. 오늘도 우리가 기도하는 이유가 있습니다. 매일의 삶이 하나님의 뜻을 분별하여 순종하는 삶이 되기를 소망합니다.

말씀의 가지

나답

'하나님은 관대하시다'는 뜻. 대제사장 아론의 네 아들 중 장남(출 6:23; 민 3:2; 대상 6:3). 출애굽 후 광야에서 아론, 모세, 아비후, 이스라엘의 70장로들과 함께 시내산에서 하나님을 뵙고 경배한 인물(출 24:1, 9-11). 형제들과 더불어 제사장에 임명되었으나(출 28:1) 아비후와 함께 하나님이 명하시지 않은 다른 불로 분향하다 하나님의 분노를 사 두 사람 모두 후손을 얻지 못한 채 현장에서 즉사했다(레 10:1-2, 9; 민 3:4, 26:61; 대상 24:2). 이 사건 후 제사장이 성소에 출입할 때는 독주를 삼가라는 하나님의 지시가 있는 것으로 보아(레 10:9) 당시 그들은 독주에 취한 채 성막에서 봉사한 것으로 추정된다.

(라이프 성경사전, 생명의 말씀사 http://www.lifebook.co.kr/)

말씀의 꽃 · 나만의 일독 큐티

말씀의 열매 · 기도제목

2월

4

치료의 마무리

일독 성경 레위기 14장 1-9절(레위기 13-15장 中)

말씀의 씨앗

씨앗말씀 · 오늘 내게 심어진 한 절 말씀

나병 환자가 나음을 입으면 제사장에게로 와서 다시 공동체에 복귀할 수 있는 인정을 받는 절차를 밟게 됩니다. 진영 밖에서 제사장은 치료받은 나병 환자를 진찰합니다. 그리고 나았으면 정결한 새 두 마리와 백향목과 홍색 실과 우슬초를 가져오게 합니다. 그리고 새 한 마리는 흐르는 물 위 질그릇 안에서 잡고 다른 한 마리는 산 채로 백향목과 홍색 실과 우슬초와 함께 가져다가 흐르는 물 위에서 그 새의 피를 찍어 나병 환자에게 일곱 번 뿌려 정하다고 하고 살아 있는 새를 들에 놓아줍니다. 그리고 옷을 빨고 털을 밀고 일주일간 장막 밖에 머물다가 다시 모든 털을 밀면 정해진다고 말씀하십니다. 그리고 마무리로 제사를 드려 죄 사함과 정결함의 인정을 받습니다.

결국 치료의 증거는 옷을 빨고 털을 미는 것으로 하지만 최종 마무리는 하나님께 제사하며 감사로 하게 됩니다. 나병 환자가 되면 고침을 받아도 복귀가 안 되는 것이 아니라 다시 공동체에 들어올 수 있는 길을 마련해 놓으셨습니다. 하나님은 우리를 치료하시기 원하시고 회복시키기 원하십니다. 그리고 공동체 역시 건강하게 유지되기를 원하십니다. 그 마음을 기억하고 건강한 모습으로 승리하는 하루가 되기를 소망합니다.

말씀의 가지

정결

맑고 깨끗함. 위생적으로, 신체적으로, 윤리 도덕적으로 광범위하게 사용된다. 성경에서는 주로 '하나님 앞에서의 순결', '죄로부터의 단절'을 뜻한다. 그래서 구약 시대에는 '정결 규례'가 마련되어 있었다(레위기).

하지만 이런 예법은 주 예수께서 오시기까지 한시적인 것으로 근본적으로는 이것이 죄로부터의 완전한 정결을 가져다주지 못했다. 오직 예수 그리스도의 대속의 피만이 인간을 모든 죄로부터 온전하고 영원히 정결하게 하는 능력이 있다(히 9:14; 찬송가 261,264장).

(교회용어사전, (생명의말씀사 2013. 9. 16), 정결)

말씀의 꽃 · 나만의 일독 큐티

말씀의 열매 · 기도제목

2월

5 거룩하라

일독 성경 레위기 19장 9–16절(레위기 16–19장 中)

말씀의 씨앗

씨앗말씀 • 오늘 내게 심어진 한 절 말씀

곡식을 거둘 때에 밭 모퉁이까지 다 거두지 말라고 말씀하십니다. 떨어진 이삭도 줍지 말라고 하십니다. 가난한 사람과 거류민을 위해 버려두라는 것입니다.

예수님께서 오셔서 가난하고 소외된 자들과 함께 계셨던 것은 외식이 아니셨습니다. 하나님은 자신이 만드신 모든 백성을 사랑하십니다. 세상처럼 능력 있고 높은 사람에게 관심을 가지는 것이 아니라 공평하게 사랑하시는 것을 보게 됩니다. 거짓 맹세하지 말고 억압하지 말고 착취하지 말라고 하십니다. 불의한 재판을 하지 말라고 하십니다. 오히려 약자 편에 서서 도우시고 그 사랑을 나타내십니다.

하나님의 거룩하심은 우리와 분리된 거룩이 아니라 우리를 사랑하시고 돌보시고 연약함 속에서도 끝까지 믿을 수 있는 사랑입니다. 하나님을 닮은 모습으로 끝까지 승리하는 삶이 되기를 소망합니다.

말씀의 가지

법도

법률과 제도. (생활상의) 예법. 특히, 하나님께서 친히 가르치시고 교훈하신 선민(選民)의 도덕 원칙. 좁게는 십계명이나 모세 오경 같은 특별 명령만을 뜻하기도 한다. '규례와 법도(the decrees and laws)'로 번역될 수도 있다(레 26:46; 신 4:1,5, 5:1, 7:11, 26:6, 33:10).

규례

일정한 규칙(출 12:14; 레 16:34). 하나님이 친히 세우고 명령하신 법률이나 규범(신 4:1,5). 하나님이 인생을 다스리시는 거룩한 법(계명, 법도). 하나님의 백성이 반드시 지키고 따라야 할 절대적인 규칙과 예법(대상 24:19). 하나님은 이 거룩한 기준에 따라서 형벌과 상급을 내리신다.

(교회용어사전, (생명의말씀사 2013.9.16), 법도 & 규례)

말씀의 꽃 · 나만의 일독 큐티

말씀의 열매 · 기도제목

2월

6

온전한 제물을 드리라

일독 성경 레위기 22장 17-23절(레위기 20-23장 中)

말씀의 씨앗

씨앗말씀 · 오늘 내게 심어진 한 절 말씀

하나님이 기쁘게 받으시도록 소나 양이나 염소의 흠없는 수컷을 드리라고 하십니다. 흠이 없다는 것은 그만큼 꼼꼼히 살펴 좋은 것을 드리는 것입니다.

하나님은 올려진 제물이 아니라…

드리는 마음을 받으십니다.
중심을 보시고 평가하십니다.
많고 적음으로 차별하지 않으십니다.

눈먼 것이나 상한 것이나 베임을 당한 것이나 종기 있는 것이나 습진 있는 것이나 비루먹은 것을 쓰지 말라고 하십니다. 서원하여 드릴 때에 온전한 것을 드림으로 자신의 마음의 온전함을 나타내는 것입니다.

빚을 져가면서 드리는 것이나 맹신적으로 전체를 드리는 것을 기뻐하시는 것이 아니라 신앙의 양심에 비추어 최선의 것을 드리는 것입니다. 날마다 온전한 마음으로 하나님을 기쁘시게 하는 삶이 되기를 소망합니다.

말씀의 가지

성물 [Holy things, sacred gifts]
하나님을 위해 거룩히 구별된 성전 기물들이나 희생제물들. 성전 마당(뜰)의 번제단, 성소 안의 분향단, 진설병 상, 등대, 지성소의 법궤 등을 포함하여 하나님께 드려진 성별된 제물들이 여기에 해당된다. 성물은 인간의 편의에 의해 함부로 사용되거나 부주의하게 사용되어서는 안 되었다(출 28:38; 레 12:4; 민 5:9; 신 12:26).

(라이프 성경사전, 생명의 말씀사 http://www.lifebook.co.kr/)

말씀의 꽃 · 나만의 일독 큐티

말씀의 열매 · 기도제목

2월

7

나는 너의 하나님이라

일독 성경 레위기 26장 1-13절(레위기 24-27장 中)

말씀의 씨앗

씨앗말씀 · 오늘 내게 심어진 한 절 말씀

하나님은 우상을 만들지 말라고 말씀하십니다. 조각한 석상은 아무것도 아닙니다. 그냥 모양만 무시무시하지 고양이가 머리에 올라가도 내려오게 할 수 있는 힘이 없습니다. 왜냐하면 아무것도 아니기 때문입니다. 스스로 움직이지도 못하고 심지어 인간이 자리를 옮겨 주어야 움직일 수 있는데 어떻게 신이라 할 수 있겠습니까? 모두 거짓일 뿐입니다. 세상의 우상을 섬기는 헛된 시간과 마음을 하나님은 미워하십니다. 왜냐면 자신의 형상대로 만들어 준 사람이 스스로 어리석은 선택을 했기 때문입니다.

눈에 보이는 신이 위대한 것이 아니라 보이지 않아도 다스리시는 하나님의 섭리가 진정한 능력입니다. 오직 하나님을 경외함으로 살아갈 때에 진정한 능력과 은혜를 고백할 수 있습니다. 내가 너희 중에 내 성막을 세우고 너희는 내 백성이 될 것이라고 말씀하셨습니다. 우리는 하나님을 온전히 예배하는 하나님의 백성입니다. 이것을 잊지 않고 날마다 말씀과 기도로 승리하는 삶이 되기를 소망합니다.

말씀의 가지

안식년

제도의 근거는 토지가 하나님의 소유라는 개념에 있다. 만일 경작지에 자생하여 열매가 생기면 그것은 가난한 사람들의 식물이 되게 했으며, 이 해에는 빚을 탕감해 주었다. 느헤미야 10장 31절에 "혹시 이 땅 백성이 안식일에 물품이나 온갖 곡물을 가져다가 팔려고 할지라도 우리가 안식일이나 성일에는 그들에게서 사지 않겠고 일곱째 해마다 땅을 쉬게 하고 모든 빚을 탕감하리라"고 기록되어 있다.

7년 째에는 땅을 쉬게 하여 씨를 뿌리지 않았으며, 자생하여 난 곡물도 거두지 않았다. 레위기 25장 4-5절에도 "일곱째 해에는 그 땅이 쉬어 안식하게 할지니 여호와께 대한 안식이라. 너는 그 밭에 파종하거나 포도원을 가꾸지 말며 네가 거둔 후에 자라난 것을 거두지 말고 가꾸지 아니한 포도나무가 맺은 열매를 거두지 말라. 이는 땅의 안식년임이니라"고 명시되어 있다.

(네이버 지식백과, http://terms.naver.com/)

말씀의 꽃 · 나만의 일독 큐티

더 생각해 보기

1. 지금 시대에 사람들이 만든 우상에는 어떤 것들이 있을까?(1절)
2. 안식일을 지키는 것과 주를 경외하는 것은 어떤 연관성이 있나?(2절)
3. 왜 하나님께서 '너희'라는 단어를 계속 사용하실까?(3-13절)
4. 내 마음의 중심에 우상이 자리 잡고 있는가, 아니면 하나님이 계시는가?

2월

8

레위 지파

일독 성경 민수기 1장 47-54절(민수기 1-4장 中)

말씀의 씨앗

씨앗말씀 · 오늘 내게 심어진 한 절 말씀

하나님은 모든 지파를 계수하되 레위 지파는 계수하지 말라고 하십니다. 계수를 하는 것은 노동력이나 군사력을 동원하기 위한 준비입니다. 레위 지파를 계수하지 않는다는 것은 열외라는 이야기입니다. 왜냐하면 레위 지파의 역할은 성막과 그 기구들을 관리하는 것이기 때문입니다. 하나님께선 당신의 전을 관리하고 제사를 집례하는 역할을 중요하게 여기십니다.

전쟁에 나가는 군사의 수가 적어도 전쟁의 승리는 군사력이 아니라 하나님의 뜻에 있음을 말합니다. 농사도 중요하고 여러 가지 일도 중요하지만 무엇보다 중요한 것은 하나님의 성전과 예배입니다. 그래서 분리하십니다. 이것은 특혜가 아니라 책임입니다. 증거의 성막에 대한 막중한 책임을 지고 있습니다. 하나님께서 레위 지파를 구별하시는 것을 보면서 교회에 대한 기대와 사랑이 얼마나 크신가를 볼 수 있습니다. 이 시대에 하나님의 교회가 회복되고 더욱 온전히 쓰임 받기를 소망합니다.

말씀의 가지

민수기는 이스라엘 민족이 시나이로부터 약속의 땅 가나안을 향하여 가는 도중에 겪은 고난을 적은 것이다. 36장으로 되어 있는데, 지리적으로 보아 3부분으로 나눌 수 있다.

① 이집트를 탈출한 이듬해에 모세를 중보자로 하여 맺어진 민족의 신 야훼와 이스라엘 민족과의 계약, 모세에 대한 협력체제를 공고히 하기 위한 씨족 및 부족별 인구조사, 야영과 행군 대열의 배치와 업무 분담, 나실인(선택한 사람이라는 뜻)의 성별 · 예물 · 과월절 등에 대한 규칙(1:1–10:10),

② 시나이를 떠나 40년에 걸친 외적의 압박과 굶주림에 시달린 행군의 기록, 사제족의 장인 아론의 죽음(10:11–20:36),

③ 아모리인의 왕 시혼과 바산의 왕 옥과의 싸움, 모압 도착, 비느하스와 하나님의 계약, 인구 조사, 모세의 후계자 여호수아의 선출, 갖가지 규칙, 미디안인 정복, 가나안 땅에 도착했을 때의 예언 등 주로 모압 시대의 기록(21:1–36장) 등이다.

(네이버 지식백과, http://terms.naver.com)

말씀의 꽃 · 나만의 일독 큐티

말씀의 열매 · 기도제목

2월

9 지나간 기간은 무효니라

일독 성경 민수기 6장 1-12절(민수기 5-8장 中)

말씀의 씨앗

씨앗말씀 · 오늘 내게 심어진 한 절 말씀

하나님은 특별한 서원으로 나실인을 구별하십니다. 그들은 포도주와 독주를 멀리하고 포도주로 된 초나 포도즙 그리고 생포도나 건포도도 먹지 말라고 하십니다. 그리고 서원한 날 동안에 머리에 삭도를 대지 말라고 하십니다. 자기 몸을 거룩하게 구별하여 시체 곁에도 가지 말라고 하십니다.

구별하는 모든 날 동안 하나님 앞에 거룩한 자라는 인정을 받습니다. 잘못하다가 나실인이 곁에서 죽은 자로 인해 머리를 더럽히게 되면 구별하여 일곱째 날에 머리를 밀고 비둘기 두 마리를 하나는 속죄제로 하나는 번제물로 드려 다시 성결함을 입게 됩니다. 그리고 앞서 지나온 구별된 기간은 모두 무효가 됩니다. 다시 시작해야 합니다.

아주 엄격한 잣대가 적용됩니다. 세상의 모든 것이 가벼워지는 시대에 하나님을 사랑하는 나실인의 철저한 절제와 성결한 신앙의 모습이 필요합니다. 날마다 하나님 앞에 말씀대로 순종하여 승리하기를 소망합니다.

말씀의 가지

나실인

'구분(구별)된 자'란 뜻. 일평생 혹은 특별한 헌신을 위해 한시적으로 세상과 단절하고 스스로를 구별하여 하나님께 자신을 봉헌한 자를 말한다.

평생 나실인으로는 사사 삼손(삿 13:5), 사사요 선지자인 사무엘(삼상 1:28), 레갑 자손(렘 35:6), 세례 요한(눅 1:15) 등이 있다. 한시적 나실인의 경우는 하나님께 헌신하기를 원하는 모든 자들에게 적용된다.

나실인은 특별히 세 가지를 금해야 했다.

① 포도나무에서 나는 소산물은 어떤 것도 먹을 수 없었고 ② 시체를 가까이할 수 없었으며 ③ 서원 기간 동안 머리에 삭도를 대지 말아야 했다(민 6:1-21).

(라이프 성경사전, 생명의 말씀사 http://www.lifebook.co.kr/)

말씀의 꽃 · 나만의 일독 큐티

말씀의 열매 · 기도제목

2월 **10**

나팔을 울려라

일독 성경 민수기 10장 1–10절(민수기 9–12장 中)

말씀의 씨앗

씨앗말씀 • 오늘 내게 심어진 한 절 말씀

나팔을 만들되 두들겨서 만들라고 말씀하십니다. 그래서 나팔 소리를 통하여 회중을 소집하고 진영을 출발하라고 하십니다. 두 개를 불면 온 회중이 회막 문 앞에 모이고 하나만 불면 천부장들이 모입니다. 크게 불면 동쪽 진영이 행진하고 두 번째로 크게 불면 남쪽 진영이 행진합니다. 회중을 모을 때에는 크게 불지 않고 아론의 자손 중에 제사장들이 불어야 합니다. 대적을 치러 나갈 때에는 나팔을 크게 불어 하나님이 이기게 하심을 선포합니다. 또 희락의 날과 절기와 초하루에 번제물을 드리고 화목제물을 드릴 때 나팔을 불라고 하십니다.

나팔 소리는 바로 하나님이 우리를 기억하시고 내가 하나님을 기억한다는 표시입니다. 그래서 마지막 때에 천사들의 나팔 소리가 종말의 징조로 나타나는 것을 보게 됩니다. 나팔 소리와 함께 모이고 행진하는 하나님의 백성의 모습은 궁극적으로 마지막 때에 하나님의 백성 된 우리가 듣고 따라야 할 소리입니다. 말씀대로 하나님의 나팔 소리에 순종하고 따르는 우리의 삶이 되기를 소망합니다.

말씀의 가지

한 번은 이런 일이 있었다. 엘닷과 메닷이라는 사람이 예언을 했다. 그러자 여호수아가 모세에게 그들이 하는 일을 말려야 한다고 했다. 하지만 모세는 백성들을 위해 하나님의 영이 모든 이스라엘 백성에게 내려 모두가 예언을 하길 바랄 정도로 자신을 낮추었다. 그는 자신이 높아지는 데는 관심이 없었고(민 12:3), 오직 이스라엘 백성을 잘 섬기는 일에만 집중했다. 나는 사역 현장에서 겸손의 위력을 종종 경험한다. 메시지를 전하다 보면, 두 가지 경우를 경험한다. 한 가지는 모든 준비가 완벽하게 끝났다고 생각했는데 죽을 쑤는 경우이고, 또 한 가지는 부족하다고 생각했는데 성공적으로 메시지를 전한 경우이다. 그렇다. 겸손하면 하나님이 성공하게 도와주시지만, 교만한 사람은 하루아침에 무너질 수 있다.

(김인환, 예수가 이끄시는 성공(도마의길 2007), p.71)

말씀의 꽃 · 나만의 일독 큐티

말씀의 열매 · 기도제목

2월 **11**

사자의 눈 메뚜기의 눈

일독 성경 민수기 14장 1–10절(민수기 13–16장 中)

말씀의 씨앗

씨앗말씀 · 오늘 내게 심어진 한 절 말씀

열두 명의 정탐꾼이 가나안 땅을 보고 왔습니다. 그중 열 명이 아낙 자손이 버티고 있어 도저히 들어가기에는 어려운 땅이라고 푸념을 합니다. 그리고 모세를 원망하기 시작합니다. 그러나 그때 여호수아와 갈렙이 이야기합니다. 우리가 보고 온 땅은 심히 아름다운 땅이다. 하나님이 우리를 기뻐하시면 들여주시고 아니면 가고 싶어도 못 간다. 하나님을 거역하지 말라. 그들을 두려워하지 말라. 이렇게 말할 때에 이스라엘 회중이 둘을 돌로 치려고 달려들었습니다.

그때 하나님의 영광이 회막에서 이스라엘 모든 백성에게 나타났습니다. 모세의 간구로 간신히 멸망을 면했지만 하나님이 말씀하십니다. 지금 이 세대는 이 땅에 들어가지 못하고 그 자손들이 들어가게 될 것이다. 이 말씀대로 앞선 세대가 다 지나간 후에야 가나안 땅에 입성하게 됩니다.

우리는 문제 앞에서 나를 보는 것이 아니라 그 문제를 이기게 하시는 하나님을 믿어야 합니다. 오늘도 두려움으로 포기하는 인생이 아니라 말씀의 약속을 붙잡고 승리하기를 소망합니다.

말씀의 가지

무엇을 보아도 비뚤게 보는 사람이 있다. 남의 결점을 파헤치거나 못되게 대하는 것 역시 영적인 질병이다. 그런 사람은 자기도 망하고 다른 사람도 괴롭게 하며 매사에 부정적이다. 민수기 13장에 보면 열두 명의 정탐꾼 얘기가 나온다. 이스라엘 백성들 중 열두 명을 택해 40일 동안 가나안 땅을 정탐하게 했는데, 그중 열 명이 부정적인 내용을 보고했다. 그러나 여호수아와 갈렙은 달랐다(민 14:8-9).

긍정적인 사람은 반드시 승리한다. 그게 하나님의 법칙이다. 사도 바울은 자기 몸의 가시를 긍정적으로 바라봤다. 그것으로 인해 더 겸손해지고 하나님의 은혜를 구하며, 그분의 은혜로 충만해질 수 있었기 때문이다. 사물을 긍정적으로 보는 사람은 모든 면에서 은혜와 축복과 승리를 누릴 수 있다.

(김학중, 영적 자존심을 회복하라(넥서스 2010), p.165)

말씀의 꽃 · 나만의 일독 큐티

말씀의 열매 · 기도제목

2월 12

두 번 친 이유

일독 성경 민수기 20장 1-13절(민수기 17-20장 中)

말씀의 씨앗

씨앗말씀 · 오늘 내게 심어진 한 절 말씀

이스라엘 백성이 신 광야에 이릅니다. 물이 없어 회중들이 불평하기 시작합니다. 모세와 아론이 회막문에 이르러 엎드렸더니 하나님께서 반석에 명하여 물을 내라 하면 물을 주시겠다고 말씀하십니다. 그래서 모세와 아론이 함께 하나님 명령대로 지팡이를 들고 섰습니다. 그러나 명령하라 하신 하나님의 말씀대로 하지 않고 반석을 두 번 쳤습니다. 하나님은 물을 주셨습니다. 그러나 모세에게 말씀하십니다. 네가 나를 믿지 않았기 때문에 너 또한 약속의 땅에 들어가지 못할 것이다. 비록 물은 나왔지만 이것은 이미 하나님이 자기 백성을 살리시기 위한 섭리입니다.

하나님이 모세에게 기대하신 것은 철저한 순종입니다. 우리도 살아가면서 내 임의로 행하면서 믿음이라고 여길 때가 있습니다. 그러나 우리는 더 철저히 하나님이 말씀하신 대로 살아야 할 줄로 믿습니다. 끝까지 승리하는 삶이 되기를 소망합니다.

말씀의 가지

향로

향을 피우는 그릇. 주로 놋쇠로 제작했다. 육각형의 받침대를 갖고 있으며, 본체도 육각형의 형태이다. 본체 상부는 육각뿔의 형태이며 투각기법으로 창을 내어 장식했다. 향을 태우는 관습은 근동을 포함한 동양의 관습으로 이스라엘 역사의 초기에는 없었다. 후기에 와서 가나안 지방의 관습을 도입했다는 것이 일반적인 견해이다. 최초의 기록은 출애굽기(30:9)에 나오며, 이것이 이스라엘의 종교의식에 도입된 것은, 기도와 희생을 가장 자연적이고 아름답게 상징하고 있기 때문이다. 레위기(16:20)에 따르면, 향은 유향을 비롯한 각종 향로에다 방부제용 소금을 섞어 잘 빻은 가루로 만들어서 사용했다.

(e뮤지엄, 국립중앙박물관, http://www.museum.go.kr)

의식에 사용한 향은 번제물, 희생제물의 지방, 곡식, 상징적 제물 등과 함께 태워지거나, 향 하나만을 태우기도 했다. 향만을 피우는 경우에는 특별히 만들어진 분향단(출 30:1–10), 금제단(민 4:11), 향로 속에서 태워진다.

말씀의 꽃 · 나만의 일독 큐티

말씀의 열매 · 기도제목

2월

13

다시 해도 똑같다

일독 성경 민수기 24장 10–25절(민수기 21–24장 中)

말씀의 씨앗

씨앗말씀 · 오늘 내게 심어진 한 절 말씀

모압의 왕이었던 발락은 선지자 발람에게 혜택을 주고 이스라엘을 저주해 달라고 부탁합니다. 그러나 발람은 부탁대로 할 수 없었습니다. 하나님은 이스라엘을 회복하고 축복하기 원하시는 분입니다. 훈련을 시키시고 잘못을 깨닫게는 하셔도 영원한 저주가 목적이 아닙니다. 몇 번을 부탁해도 결국 발람의 대답은 동일합니다. 왜냐하면 하나님이 보호하시기 때문입니다. 아무리 궁궐에 가득한 금과 은을 준다 해도 발람은 이스라엘을 부탁대로 저주할 수 없었습니다. 그래서 이후에 보면 발람이 떠난 후 이스라엘을 저주하고 싸움을 통해 이기려 하였다가 작전을 바꾸어 친화 정책을 폅니다. 그러자 이스라엘이 우상을 섬기고 죄를 범하는 일에 빠지게 됩니다. 그래서 결국 심판을 받게 됩니다.

아무리 요청을 해도 하나님은 이스라엘을 사랑하시고 축복하기를 원하셨습니다. 결국 축복의 자리에서 떠난 것은 사람입니다. 있을 때는 모르지만 사라지고 나면 소중한 것을 알게 됩니다. 우리가 오늘 무엇보다도 지켜야 할 것은 재산이 아니라 믿음입니다.

말씀의 가지

우리에게는 심판이 없다. 하나님은 역사의 마지막 때에 우리를 천국으로 인도해 주실 것이다. 왜냐하면 하나님은 약속과 언약의 하나님이시며, 변함이 없는 분이시기 때문이다. 민수기 23장 19절을 보면 "하나님은 사람이 아니시니 거짓말을 하지 않으시고 인생이 아니시니 후회가 없으시도다. 어찌 그 말씀하신 바를 행하지 않으시며 하신 말씀을 실행하지 않으시랴"라고 말씀하고 있다. 하나님의 약속은 반드시 이루어짐을 믿어야 한다. 본 적도 없고 만져 본 적도 없지만 우리는 믿음으로 알 수 있다. 성경의 모든 약속은 우리에게 이루어질 줄 믿는다.

(하용조, 무지개가 구름 사이에 있으리라(두란노 1999), p.103)

말씀의 꽃 · 나만의 일독 큐티

말씀의 열매 · 기도제목

2월

14

후계자

일독 성경 민수기 27장 17-23절(민수기 25-28장 中)

말씀의 씨앗

씨앗말씀 · 오늘 내게 심어진 한 절 말씀

하나님께서 모세를 부르셨습니다. 그리고 그의 죽음을 예고하셨습니다. 그 음성을 듣고 모세는 마지막 간구를 합니다. 후계자를 세워 이스라엘 백성이 목자 없는 양같이 방황하지 않게 하소서. 그렇습니다. 모세가 진정한 지도자로 인정받는 것은 바로 이 장면입니다. 자신의 생애 마지막까지 공동체를 위하여 간구하는 것입니다. 죽음을 앞두고도 자신의 공동체를 사랑하는 것이 진정한 리더입니다.

여호수아가 선택되었습니다. 여호수아는 지도자가 되기 위하여 부탁하거나 힘을 쓰지 않았습니다. 하나님의 감동으로 선택되었습니다. 하나님이 기뻐하시는 리더의 모습입니다. 우리의 유익이 아니라 하나님을 바라볼 수 있는 용기가 필요한 때입니다.

돈으로 해결되지 않는 게 있습니다. 바로 신앙입니다. 세상이 우리를 못 박고 괴롭히고 어렵게 하여도 우리는 바라볼 곳이 있습니다. 우리를 끝까지 사랑하신 예수님입니다. 말씀을 따라 살면서 예수님을 닮은 리더로 세워지기를 소망합니다.

말씀의 가지

번제

제물을 불에 태워 그 향기로 하나님을 기쁘시게 해드리는 제사. 즉, 번제단 위에서 희생되는 짐승의 가죽을 제외한 모든 것을 거룩한 불에 완전히 태워 그 향기로 하나님께 드리는 제사를 말한다(레 1:2–9). 하나님과의 바른 관계를 회복하고, 또 예배자의 전 인격이 하나님께 바쳐짐을 상징하는 중요한 제사 방법 중 하나이다. 번제물로는 수송아지, 숫양, 숫염소 등 모두 흠이 없는 수컷으로 드려야 했다(가난한 자들에게는 예외적으로 산비둘기와 집비둘기 새끼도 허용).

한편, 번제는 철저한 자기 희생과 헌신을 상징하는 만큼 번제를 드리기 전에 ① 무엇보다 하나님을 알아야 한다(호 6:6). ② 그리고 구원의 하나님께 감사해야 한다(시 50:12–15). ③ 믿음으로 드려야 한다(히 11:4). ④ 규례를 좇아 드려야 한다(레 9:16; 대상 23:21). ⑤ 여호와의 목소리에 순종해야 한다(삼상 15:22–23). 순종 없는 제사는 헛될 뿐이다. ⑥ 주의 뜻 행하기를 즐거워해야 한다(시 40:6–7). ⑦ 선을 행하여야 한다(렘 6:16, 19–20). ⑧ 하나님을 사랑하고 이웃을 자기 몸처럼 사랑해야 한다(막 12:33). ⑨ 정직해야 한다(잠 15:8).

(네이버 지식백과, http://terms.naver.com)

말씀의 꽃 · 나만의 일독 큐티

더 생각해 보기

1. 지금까지 헌신하고 순종해온 모세에게 하나님께서 그의 생의 마지막이 다가왔음을 알리셨다. 모세의 심정이 어떠했을까?(12–14절)
2. 원망하기보다 백성들의 앞날을 걱정하는 모세의 모습에서 우리는 무엇을 느낄 수 있는가? 어떻게 그것이 가능했을까?(16–17절)
3. 혹시 어느 단체나 그룹에서 리더 역할을 맡았던 적이 있는가? 그것을 마무리할 때에 나는 어떻게 행동했었는가?
4. 참된 순종은 무엇인가?(18–20절, 22–23절)

2월

15 시작보다 중요한 마무리

일독 성경 민수기 31장 13-20절(민수기 29-32장 中)

말씀의 씨앗

씨앗말씀 · 오늘 내게 심어진 한 절 말씀

이스라엘 백성이 미디안 사람에게 유혹당하여 바알브올의 음란한 우상을 숭배하게 되었습니다. 24,000명의 이스라엘 백성이 전염병으로 죽게 되었습니다. 이제는 하나님께서 미디안을 치라고 명령하십니다. 하나님 말씀대로 이스라엘은 승리하였습니다. 그러나 승리에도 불구하고 돌아온 천부장과 백부장들로 구성된 장관들에게 하나님께서 노하십니다. 왜냐하면 여자들을 다 살려 두었기 때문입니다.

전쟁의 끝은 하나님이 인정해 주시는 것입니다. 마무리가 되지 않았습니다. 모세가 크게 꾸짖습니다. 그리고 남자아이는 다 죽이고 처녀를 제외한 모든 여자와 남자는 다 죽이라고 하십니다. 이는 우상을 섬기는 죄악의 뿌리를 뽑는 것입니다. 하나님이 싫어하시는 것이 바로 하나님 외에 다른 신을 섬기는 것입니다. 죄에 가담한 사람들에게 진영 안으로 들어오지 말고 7일간의 시간을 두고 성결함을 받은 후에 들어오라고 하십니다. 가진 물건까지도 모두 깨끗하게 하여 들어오라고 하십니다. 하나님은 거대한 성과가 아니라 작지만 진실한 믿음에 기뻐하십니다. 날마다 믿음으로 마무리를 잘하는 삶이 되기를 소망합니다.

말씀의 가지

초막절

수장절이라고도 하며, 유월절(과월절) 및 칠칠절(맥추절, 오순절)과 함께 이스라엘의 3대 절기이다(출 34:22). 절기를 축하하는 동안 장막집에서 살던 그들의 습관에서 나왔으며, 선조들이 40년 동안 장막에서 살며 방랑하던 유목생활을 기억하여 기념하는 절기이다. 유대력으로 티쉬레이 달(Tishrei, 태양력의 9–10월에 해당)의 15일(추분일에 가까운 보름달)부터 1주간 지켜졌는데, 첫날과 마지막 날에는 성회가 열렸다. 농사력이 끝나는 가을에 지켜졌다.

일 년 중 가장 마지막 절기이며 큰 절기로 여겼는데, 초막절은 단순히 명절이라고 언급되었다(요 5:1). 회당에서는 전도서가 낭독되고, 성전에서는 성대한 희생제사가 연일 행해졌다. 또한 절기가 끝나는 날에는 비와 이슬의 은혜를 구하는 기도가 행해지고, 실로암 못에서 물을 길어 매일 제단에 붓는 행사가 행해졌다(요 7:37–38). 예수 그리스도가 이날 물의 설교를 한 것은 뜻깊은 일이다(요한복음 4장).

(네이버 지식백과, http://terms.naver.com)

말씀의 꽃 · 나만의 일독 큐티

말씀의 열매 · 기도제목

2월 **16**

땅을 나누는 원리

일독 성경 민수기 33장 50-56절(민수기 33-36장 中)

말씀의 씨앗

씨앗말씀 · 오늘 내게 심어진 한 절 말씀

하나님이 요단 강가 모압 평지에서 모세에게 땅을 분배해 주는 말씀을 하십니다. 그 첫 번째 단계로 먼저 땅의 원주민과 석상과 우상을 몰아내라고 하십니다. 거룩한 땅은 하나님이 약속하신 땅이요 하나님의 백성이 거하는 곳입니다. 괴로움의 씨앗을 남기지 말라고 하십니다. 왜냐하면 하나님은 자신의 백성이 우상을 섬기는 풍토와 섞이는 것을 원하지 않으십니다. 원주민을 모두 몰아낸 후에 가족의 수에 따라 땅의 크기를 정합니다. 그리고 제비를 뽑아 지역을 나누라고 하십니다. 제비를 뽑는 것 역시 우연인 것 같지만 가장 공평하게 인도하시는 하나님의 섭리입니다.

요나가 하나님의 뜻을 거스르고 배를 타고 도망하여 풍랑을 만났을 때에도 문제의 원인을 제비 뽑았을 때에 요나가 뽑힌 것을 보게 됩니다. 가룟 유다 대신 맛디아를 뽑을 때에도 제비로 하였습니다. 하나님의 사람은 말씀대로 순종합니다. 믿음으로 어떤 결과든지 겸허히 받아들입니다. 오늘도 끝까지 하나님을 신뢰하고 순종하여 승리하는 삶이 되기를 소망합니다.

말씀의 가지

도피성[City of refuge]
부지중에 살인한 자가 피살자의 가장 가까운 형제나 친지로부터 피의 보복을 피해 생명을 건지기 위해 도피할 수 있도록 마련된 성읍. 이는 살인자 중에서도 고의성 여부를 가려 형벌을 내리거나 애매한 죽음을 방지하기 위한 제도이다. 따라서 일단 이곳에 피신한 자는 생명의 안전과 함께 공정한 재판을 받을 수 있었다.
한편, 도피성으로 향하는 길에는 '도피성'이라 쓴 팻말이 눈에 띄기 쉬운 길목에 설치되었으며, 길을 넓게 닦아 도피에 용이하게 하였다. 전승에는 그 길의 폭이 14m나 되었다고 한다. 또한 도피성에는 모든 생필품을 비치하여 생활하는 데 불편하지 않게 배려하였다. 뿐만 아니라 팔레스타인 어느 지역에서도 하루만에 도피성에 이르도록 (대략 48km 이내) 요단 강 동편과 서편, 그리고 북부, 중부, 남부 등 여섯으로 지역을 구분하여 여섯 개의 도피성을 마련하였다.

(라이프 성경사전, 생명의 말씀사 http://www.lifebook.co.kr)

말씀의 꽃 · 나만의 일독 큐티

말씀의 열매 · 기도제목

2월

17 재판의 주인

일독 성경 신명기 1장 9–18절(신명기 1–3장 中)

말씀의 씨앗

씨앗말씀 · 오늘 내게 심어진 한 절 말씀

한 가족으로 시작된 이스라엘 민족은 이제 하늘의 별과 같이 번성하게 하셨습니다. 그리고 이것으로 끝나는 것이 아니라 모세의 축복처럼 현재보다 천 배나 많게 하시며 복을 받게 될 것을 말씀하고 계십니다. 인도하시는 분, 보호하시는 분, 그리고 주관하시는 분이 모두 한 분 은혜의 하나님이십니다.

내가 살기 위하여 공기를 만들고 물을 만들고 해와 달을 만들 수 없습니다. 하나님이 만들어 놓으신 모든 환경 속에서 살아가는 우리는 고백할 것이 감사밖에 없습니다. 지도자를 세울 때에도 모든 이들에게 사랑받는 자를 세우게 됩니다. 우리가 세우고 우리가 운영하는 것 같지만 결국 모든 것이 하나님의 섭리입니다. 가장 낮은 자리, 가장 힘겨운 자리, 멸시와 천대를 받고 죽기까지 사랑하신 자리를 지켜내신 예수님을 생각합니다. 하나님의 섭리는 우리를 위한 가장 큰 사랑입니다. 멈추지 않는 사랑으로 우리를 품어 주시는 예수님을 바라보며 시간마다 감사하는 삶이 되기를 소망합니다.

말씀의 가지

신명기

모세의 담화와 설교로 구성되어 있다. 첫 부분은 시나이와 모압의 야영 막사에서 일어난 사건을 요약한 내용과 신앙을 상기시키는 내용이 담겨 있다. 둘째 부분은 십계명에 관한 이야기로서 첫째 계명을 설명하고 이스라엘 백성에게 충실한 믿음을 지키라고 역설하며, 공동 생활에 대해 상세한 사항을 지시한다. 셋째 부분은 앞의 두 부분을 다시 반복하고 충실한 믿음을 상기시키고 순종하지 않으면 사악함으로 인하여 죽게 되리라고 경고한다. 신명기는 이스라엘을 하나님에게 연결하는 모세의 마지막 말과 지시 내용, 이 민족의 과거와 새로운 땅에서의 미래로 끝을 맺는다.

(존 라이트, 뉴욕타임스가 선정한 교양(이지북 2005), p.137)

말씀의 꽃 · 나만의 일독 큐티

말씀의 열매 · 기도제목

2월

18 십계명

일독 성경 신명기 5장 7-21절(신명기 4-6장 中)

말씀의 씨앗

씨앗말씀 · 오늘 내게 심어진 한 절 말씀

하나님은 첫 계명부터 다른 신을 섬기지 말라고 하십니다. 우상을 만들지 말라고 하십니다. 하나님의 이름을 지키라고 하십니다. 하나님의 날을 구별하라고 하십니다. 하나님은 우리를 잘 알고 계십니다. 우리 스스로를 지키는 유일한 방법은 내 마음 속에서 하나님을 지키는 것입니다. 하나님이 나를 지켜수심의 증거는 내가 하나님을 믿는 믿음을 지켜나가는 것입니다. 그래서 내가 하나님을 믿는 믿음을 지켜나가는 증거가 바로 부모를 공경하고, 살인하지 않고, 간음하지 않고, 도둑질 하지 않고, 거짓 증거하지 않고, 이웃의 집을 탐하지 않는 것입니다.

10개로 나뉘어 있지만 결국 하나입니다. 주의 기도에서 우리가 죄 지은 자를 용서한 것같이 우리의 죄를 용서해 달라는 고백이 하나이듯이 내가 중심에 하나님을 지키는 것이 결국 하나님이 나를 지켜주시는 것입니다. 모든 믿는 자들의 관계가 동일합니다. 서로가 믿음으로 사랑하고 지켜주지 않으면 아무도 지켜주지 않습니다. 오늘도 하나님 말씀을 지켜나가는 그리고 그 보호하심 속에서 자유함을 얻는 삶이 되기를 소망합니다.

말씀의 가지

하나님께서는 시내산에서 모세를 통해 이스라엘에게 십계명을 주셨다. 그로부터 약 38년 동안 광야를 지나 가나안에 들어가기 전, 모압 평지에서 후대에게 반복하여 말씀하셨다(신 5장). 십계명이라는 말은 출애굽기 34장 28절, 신명기 4장 13절, 10장 4절에 나오고, 계명 자체는 출애굽기 20장과 신명기 5장에 나온다. 언약의 원문서인 새 돌판은, 금송아지를 우상숭배한 이스라엘 백성과 파기된 언약을 갱신하는 의미가 있다. 마태복음 22장 34–40절에서 예수님은 "율법 중에서 어느 계명이 크니이까"라는 율법사의 질문에 신명기 6장 5절의 '하나님 사랑'과 레위기 19장 18절의 '이웃 사랑'의 말씀으로 요약하여 대답하셨다. 실제 십계명도 그 강조점을 요약하면 하나님 사랑(1–4계명)과 이웃 사랑(5–10계명)이다. 이론적으로는 단순하지만 실천적인 면에서 이것이 성경 전체의 말씀과도 같으니 이보다 어려운 말씀이 또 어디 있겠는가?

(신현주, 딱! 50일에 끝내는 성경통독(넥서스 2009), p.80)

말씀의 꽃 · 나만의 일독 큐티

말씀의 열매 · 기도제목

2월

19 기억하라

일독 성경 신명기 7장 12-21절(신명기 7-9장 中)

말씀의 씨앗

씨앗말씀 · 오늘 내게 심어진 한 절 말씀

이스라엘 백성에게 말씀하십니다. 내가 이집트에 한 일을 기억하라. 하나님은 자신의 백성을 건지기 위하여 10가지 재앙을 이집트에 내리셨습니다. 그리고 홍해를 갈라 바닷 속에 마른땅을 건너 약속의 땅으로 향하는 발걸음을 멈추지 않게 하셨습니다. 두려워하지 말라. 큰 재잉과 표징과 기적을 일으키며 강한 손과 펴신 팔로 이끌어 내겠다고 약속하십니다.

우리에게 필요한 것은 믿음이 감하여지지 않는 것입니다. 어려움 속에서도 스스로 낙심하거나 불평하지 않는 것입니다. 우리는 반드시 하나님을 믿는 백성에게 베푸실 구원의 능력과 천국의 소망을 품고 살아야 합니다. 하나님의 말씀대로 순종하며 살 때에 세우신 언약을 지키시고 한결같이 사랑을 베푸신다고 약속하셨습니다. 모든 것을 다 잊어도 오직 하나님만이 나의 반석이시며 예수님만이 나의 구원자이심을 믿고 승리하는 삶이 되기를 소망합니다.

말씀의 가지

금송아지

모세가 시나이 산에서 십계명을 받을 때 역사의 중대한 아이러니가 있었다. 십계명에는 우상을 섬기지 말라고 했는데도 모세와 같은 민족인 히브리인들은 산 아래에서 요란한 우상숭배에 열중했던 것이다. 산에 오르기 전에 모세는 신의 말씀을 백성들에게 전했다. 신의 명령에 복종하면 축복을 받을 것이요, 불복하면 징벌을 당하리라. 백성들은 산에 오르지 못하게 했다. 산에 오른 모세는 신을 직접 만나 십계명과 여러 가지 율법을 받았다. 산에는 구름이 빽빽하고 우렛소리가 들리고 천상의 신비로운 나팔이 울렸다. 그러나 모세가 히브리인들과 떨어져 있는 동안 사람들은 점점 불안해졌다. 그들은 모세의 형 아론에게 우상을 만들어 달라고 닦달했다. 아론은 백성들이 지닌 금붙이를 모아 황금 우상을 만들었다. 성서에는 송아지라고 번역되어 있지만 아마 젊은 수소였을 것이다. 고대에는 수소를 풍요의 신으로 섬겼다. 동생에게 그리 충직하지 못했던 아론은 그 금송아지가 백성들을 이집트에서 해방시켜 준 신이라고 선언했다. 사람들은 먹고 마시고 질탕하게 놀았다. 성서에는 '뛰놀았다'고 되어 있는데, 이는 당시 이교의 숭배 의식에서 흔히 볼 수 있었던 성적으로 난잡한 상태를 의미한다.

(바이블 키워드, 도서출판 들녘 2007. 12. 24, 금송아지)

말씀의 꽃 · 나만의 일독 큐티

말씀의 열매 · 기도제목

2월 **20**

행복을 위한 명령

일독 성경 신명기 10장 12-16절(신명기 10-12장 中)

말씀의 씨앗

씨앗말씀 · 오늘 내게 심어진 한 절 말씀

우리는 행복하게 살기를 원합니다. 말씀에서 행복은 하나님의 말씀대로 살아갈 때에 주시는 은혜입니다. 모두가 부러워하고 행복하다고 생각해도 그것은 평가일 뿐입니다. 진정한 행복은 다른 사람의 평가에 있지 않고 내게 있습니다. 내가 하고 싶은 것과 하고 있는 것이 일치될 때에 많은 행복을 느낄 수 있습니다.

환경에서 행복이 오는 것이 아니라 하나님의 섭리로 조성되는 것입니다. 가족이 가을에 소풍을 가서 자연 속에서 맛있는 음식을 먹으면서 행복을 누리려고 계획한다 할지라도 비가 오면 단번에 다 무산됩니다. 행복은 내가 지켜내거나 만들어 내는 것이 아니라 하나님을 통하여 허락되는 것입니다. 특히 하나님의 백성이 행복하게 살도록 규례와 법도가 제정된 것입니다. 계명을 주심도 우리를 강압하기 위함이 아니라 보호하시고 행복하게 살기 원하시기 때문입니다. 그 은혜에 감사함으로 행복을 누리는 삶이 되기를 소망합니다.

말씀의 가지

구약 시대 제사와 그 상징성

구약 시대 각종 제사들은 범죄한 인생이 하나님께 나아갈 수 있는 유일한 방법이었으며, 하나님과 교제를 나누며 하나님께 감사와 영광을 돌릴 수 있는 거룩한 예법이었다. 그런 점에서 구약 시대 제사는 신약 시대의 예배와 같은 맥락에서 이해될 수 있다. 한편, 구약 시대 각종 제사를 통해 피 흘림이 없이는 죄 사함이 없다는 진리를 배우게 된다. 즉, 인간이 하나님께 나아가기 위해서는 피 흘린 제사 제물이 필요했었다(히 9:22). 이는 십자가 보혈로써 범죄한 인류에게 구원의 길을 열어놓으신 예수 그리스도의 대속의 은총 없이는 누구도 하나님 앞에 나아갈 수 없다는 사실을 예시한다.

(라이프 성경사전, 생명의 말씀사 http://www.lifebook.co.kr)

말씀의 꽃 · 나만의 일독 큐티

말씀의 열매 · 기도제목

2월

21 십일조의 축복

일독 성경 신명기 14장 22–29절(신명기 13–15장 中)

말씀의 씨앗

씨앗말씀 · 오늘 내게 심어진 한 절 말씀

하나님께서는 모든 수확물의 십분의 일을 하나님께 드리라고 말씀하십니다. 우리가 좋은 운동 클럽에 가입하려면 일률적으로 회비를 내야 합니다. 가격이 비싸도 낼 수 있으면 회원이 되고 못내면 회원이 되지 못합니다.

그러나 교회는 다릅니다. 하나님의 공평하심은 십일조를 통해서도 나타납니다. 자신의 소득의 십분의 일을 내는 것입니다. 많고 적고의 문제가 아니라 하나님이 모든 것의 주인이심을 고백하는 것입니다. 일률적으로 짐지우지 않으셨습니다. 아주 작은 부분이라도 하나님의 것을 구별하는 것입니다.

하나님이 원하시는 것은 물질이 아닙니다. 말씀에서도 분명히 하나님을 경외하는 마음임을 강조하고 있습니다. 3년마다 더하여 십분의 일을 비축하라고 말씀하십니다. 그것은 어려운 이웃을 위하여 사용하라고 말씀하십니다. 어린 시절 십일조를 구별하였다가 다리미로 다려서 구김없이 냈던 기억이 있습니다. 하나님이 받으시는 것은 "많이"가 아니라 "경외의 마음"입니다. 그 사랑을 깨닫고 진심으로 하나님을 사랑하는 삶이 되기를 소망합니다.

말씀의 가지

올무

1. 새나 짐승을 잡기 위하여 만든 올가미. 2. 사람을 유인하는 잔꾀.

새나 짐승을 잡는 덫(올가미), 함정 또는 사냥용 구덩이(출 23:33; 삼상 18:21; 겔 12:13). 성경 문학적으로, '악인의 유혹'(잠 7:23), '사망'(삼하 22:6), '고난'(롬 11:9), '고통과 멸망'(수 23:13), '실족시키거나 범죄하게 하는 유혹거리'(딤전6:9) 등의 상징적 의미를 갖는다. 그리고 성도를 실족시키는 사탄의 역사(교만과 불순종 등)를 '마귀의 올무'(딤전 3:7; 딤후 2:26)라 표현한다.

(교회용어사전, 교회 일상(생명의말씀사 2013), 올무(Snare, Noose))

말씀의 꽃 · 나만의 일독 큐티

더 생각해 보기

1. 우리는 헌금을 왜 드리는 것일까?
2. 십일조와 하나님을 경외하는 것에는 무슨 연관이 있을까?(22-23절)
3. 겉모습이 중요하지 않다고 말씀하시는 것을 보면서 우리에게 허락하신 자유를 살펴볼 수 있다. 나는 헌금을 어떻게 드리고 있는가?(25-26절)
4. 레위인과 객과 고아와 과부들을 배부르게 하라 명하신 이유는?(29절)
5. 십일조와 신앙생활은 어떤 연관성이 있을까? 십일조가 중요한가?

2월

22

약속의 사람

일독 성경 신명기 18장 15-22절(신명기 16-18장 中)

말씀의 씨앗

씨앗말씀 · 오늘 내게 심어진 한 절 말씀

하나님께서 모세와 같은 선지자를 보내겠다고 약속하셨습니다.
바로 예수님이십니다. 이미 오랜 계획과 섭리 가운데 반드시 오신다고 약속하셨고 하나님은 그것을 이루셨습니다. 떨기나무에 타지 않는 불꽃으로 임하심과 같이 하나님께서 친히 육신으로 임하셨습니다. 그리고 그 불꽃 가운데 전해 주심같이 하늘의 비밀을 알리시고 기사와 이적을 나타내십니다. 가장 낮은 자리에 임하셔서 우리에 대한 가장 숭고한 사랑을 나타내셨지만 알아보지 못했습니다. 오히려 하나님은 거짓말하는 이들을 경고하십니다. 그들의 말을 듣지 말라고 하십니다.

사단은 우리를 속이고 모든 것을 해 줄 것처럼 하고 다 빼앗아가지만 예수님은 우리에게 자신의 생명까지도 아낌없이 내어주신 분이십니다. 약속하신 대로 임하시사 구원의 은혜를 베풀어 주셨습니다. 남은 삶을 통하여 예수님의 이름을 전하는 증거자의 삶이 되기를 소망합니다.

말씀의 가지

유월절과 예수 그리스도

예수님께서도 이 유월절을 지키셨고(마 26:17-19), 또 유월절 기간에 거룩한 주의 만찬을 제정하셨으며(마 26:26-28), 그날 십자가에 달려 돌아가셨다(막 14:1). 신약은 철저히 유월절을 예수 그리스도의 메시아적 사역과 연관시켜 설명한다. 특히 마태는 구약의 유월절이 신약의 십자가 사건과 거룩한 성만찬으로 연결되고 또 히브리인들과 하나님과의 옛 언약은 그리스도를 통한 새 언약으로 이어진다는 사실을 설명해 주고 있다(마 26:26-29). 마가는 어린양 예수의 희생으로 이뤄진 유월절을 새로운 출애굽 사건으로 재해석하고자 했다(막 14:12-25). 요한은 그리스도의 십자가 죽음은 유월절에 일어났다고 보고하였고(요 18:28; 19:14). 유월절 어린양은 세상 죄를 지신 어린양 예수로 소개한다(요 1:29). 그리고 사도 바울은 그리스도를 유월절 양에 비유했으며(고전 5:7), 베드로는 유월절에 대한 많은 관심으로 인해 유월절 전례문으로 여겨지기도 한다(벧전 1:2-3, 19, 2:18-25, 3:18-22, 4:12-5:10). 더욱이 히브리서는 유월절 양이신 예수께서 십자가 대속의 피로 세운 새 언약을 설명하면서 그 새 언약은 구약의 옛 언약보다 낫다고 역설한다(히 4:14-10:18). 즉, 유월절 양이신 예수께서 십자가 대속의 죽음을 통해 한 번에 영원한 제사를 드림으로써 더 이상 대속의 양이 필요 없게 되었다. 이제 모든 죄인은 오직 예수님의 십자가 보혈을 믿음으로써 영원한 속죄와 구원의 은총을 받을 수 있게 된 것이다.

(라이프 성경사전, 생명의 말씀사 http://www.lifebook.co.kr)

말씀의 꽃 · 나만의 일독 큐티

말씀의 열매 · 기도제목

2월

23 하나님이 세우신 도피성

일독 성경 신명기 19장 1-13절(신명기 19-21장 中)

말씀의 씨앗

씨앗말씀 · 오늘 내게 심어진 한 절 말씀

하나님은 의도하지 않은 살인으로 도망자가 된 사람이 피할 수 있도록 세 성읍을 구별하여 도피성을 만드셨습니다. 죄는 미워하되 사람은 미워하지 않으십니다. 죄인에게 살 수 있는 길을 베풀어 주십니다. 이것은 예수 그리스도의 구원의 원리입니다. 하나님께서 길을 닦으라고 말씀하십니다. 아무리 피할 수 있는 사람이라도 성에 도착하기 전에 잡혀서 죽임을 당하면 소용이 없습니다. 율법이 아무리 우리를 규제하고 하나님의 뜻을 알게 하여도 구원의 분량까지 사람의 힘으로는 도달할 수가 없었습니다. 그래서 예수님께서 친히 오셔서 그 길이 되어 주셨습니다.

도피성은 멀리 있지 않았습니다. 피할 길이 멀리 있지 않습니다. 바로 내게 있습니다. 내가 예수님을 의지하여 믿음으로 고백하고 기도함으로 피할 수 있습니다. 일부러 죽인 살인자는 도피성에 와도 소용없다고 말씀하십니다. 외식하고 겉으로만 예수님을 믿는 척하는 것은 구원에 이를 수가 없습니다. 겉이 중요한 것이 아니고 내 속의 고백이 중요합니다. 예수님께서 우리를 구원하신 그 은혜에 감사함으로 진정한 기도와 감사의 찬송이 넘치는 삶이 되기를 소망합니다.

말씀의 가지

군대를 이끌고 전쟁터로 나가려면 전투 계획을 세워야 한다. 모세는 출전할 때 이스라엘 군대에 대한 계획을 가지고 있었다. 그 계획은 최고지휘자로부터 직접 하달되었다(신 20:1). 야전사령관이 절대로 패하지 않을테니 용감하게 싸우라고 부대원들에게 자신감을 불어넣어 준다고 생각해 보라. 하나님은 모세와 이스라엘 백성들에게 그런 보장을 해 주셨다. 하나님이 항상 그들과 함께한다는 것을 잊지 않는다면 두려워할 것 없다고 안심시키셨다. 오늘날 기독교 지도자들도 하나님께 같은 약속을 기대할 수 있다. "너희 하나님 여호와는 너희와 함께 행하시며 너희를 위하여 너희 적군과 싸우시고 구원하실 것이라"(신 20:4). 또한 하나님은 모세에게 확약하셨던 것처럼 우리에게도 확언하신다. 두려워하지 말라고.

(존 맥스웰, 큐티 리더십(중앙북스 2008), p.78)

말씀의 꽃 · 나만의 일독 큐티

말씀의 열매 · 기도제목

2월

24

이자 없이 꾸어 주라

일독 성경 신명기 23장 19-25절(신명기 22-24장 中)

말씀의 씨앗

씨앗말씀 · 오늘 내게 심어진 한 절 말씀

형제에게 꾸어 주거든 이자를 받지 말라고 하십니다. 사랑을 전하면서 그 사랑에 댓가를 바라는 것이 아닙니다. 아낌없이 할 수 있는 그대로 전하는 것입니다. 그 댓가는 하나님이 축복으로 주신다고 하셨습니다. 진정한 사랑은 댓가를 바라는 도움이 아닌 위험을 극복해 주는 마음입니나. 모든 물실을 다스리시는 하나님을 신뢰하는 것입니다. 하나님에게 서원한 것은 반드시 갚아야 합니다. 하나님께 더 드리는 것도 죄가 된다고 하셨습니다. 이웃의 포도원에 들어가서 배불리 먹어도 된다고 하십니다. 이웃의 밭에 들어가 손으로 곡식을 취할 수도 있습니다. 그러나 그릇에 담거나 낫으로 베는 것은 할 수 없습니다.

이것이 하나님의 지혜입니다. 가난한 자는 그날 그날 형제를 통하여 생명을 연장할 수 있고 부자는 자신의 소유를 베풀라고 허락하신 하나님의 뜻을 실천할 수 있습니다. 그러나 수고하지 않은 포도와 곡식을 가지고 이윤을 취할 수는 없습니다. 그것은 수고한 자의 것입니다. 이것이 바로 모자르지도 않고 남지도 않는 하나님의 공평한 지혜입니다.날마다 임하시는 하나님의 축복과 은혜가 가득하길 기도합니다.

말씀의 가지

두 번째 설교: 이스라엘이 받은 율법의 대략(신 5–26장)

모세의 두 번째 설교 중에 후반부이다. 이스라엘이 가나안에 들어갔을 때 필요한 몇 가지 제도에 대해 하나님의 말씀을 전하고 있다. (중략) 모세의 설교는 계속되어 사회 생활과 이웃 사랑에 대한 규례(22장), 총회에 들어오지 못할 자를 구분함으로 선민을 성별함, 전염 중의 금기 사항과 동족에 대한 보호(23장), 그리고 약자들을 보호하는 규례(24장), 하나님의 사랑을 보여 주는 규례(25장), 그리고 토지 소산의 첫 열매와 십일조의 규례를 통해 '거룩한 백성'으로서의 삶을 가르치고 있다(26장).

(신현주, 딱! 50일에 끝내는 성경통독(넥서스 2009), p.84)

말씀의 꽃 · 나만의 일독 큐티

말씀의 열매 · 기도제목

2월

25

하나님의 백성

일독 성경 신명기 26장 16–19절(신명기 25–27장 中)

말씀의 씨앗

씨앗말씀 · 오늘 내게 심어진 한 절 말씀

하나님의 법을 따르고 지키되 마음을 다하고 성품을 다하라고 말씀하십니다. 영혼을 다하여 온전히 하나님만 바라보라고 하십니다. 스스로가 하나님께 서원하며 약속한 대로 지켜 행하라고 하십니다. 그러면 하나님은 우리에게 말씀하신 대로 행하실 것을 약속하셨습니다. 보배로운 백성이 될 것을 말씀하십니다. 칭찬과 명예와 영광을 주어 모든 민족 위에 뛰어난 민족을 삼아 주십니다. 뛰어나다라는 말은 하나님께서 주시는 것입니다. 하나님의 거룩한 백성이 될 것이라고 말씀하십니다.

우리는 세상에 속한 사람이 아니라 하나님께 속한 사람입니다. 하나님이 거룩하시기 때문에 우리도 거룩한 백성이 되는 것입니다. 우리의 힘으로도, 능으로도 되지 않는 것을 하나님께서는 이루어주십니다. 이루시되 말씀하신 대로 이루어주십니다. 모든 형제와 자녀와 가족과 자신의 인생이 오직 하나님의 기쁨이 되기를 소망합니다.

말씀의 가지

사두개인들은 자신들이 인용한 신명기 25장의 말씀을 잘못 이해하고 있다. 다말은 인륜으로 생각하면 참 이해할 수 없는 여자이다. 왜냐하면 시아버지를 완전히 의도적으로 유혹해서 아기를 낳았기 때문이다. 그러나 그 여자가 예수님의 족보에 들어갔다. 훌륭한 여자로 인침을 받은 것이다. 이 말씀(신 25:5-6)에서 제시된 본 뜻은 죽은 형제의 후사를 잇게 하여 그 이름을 이스라엘 중에서 끊어지지 않게 하는 데 있다. 그런데 사두개인들은 이 말씀의 본뜻은 제쳐놓고 부활이 없다는 자기들의 교리를 합리화시키기 위해 이 말씀을 인용한 것이다.

사두개인들이 예수님을 공격하기 위해 가상의 이야기를 지어냈고 모세의 율법을 잘못 인용했다는 것을 우리는 알 수 있다.

(하용조, 참된 지도자(두란노 1996), p.38)

말씀의 꽃 · 나만의 일독 큐티

말씀의 열매 · 기도제목

2월

26

순종의 축복

일독 성경 신명기 28장 7–19절(신명기 28–30장 中)

말씀의 씨앗

씨앗말씀 · 오늘 내게 심어진 한 절 말씀

하나님이 말씀하십니다. 너의 대적이 한 길로 왔다가 일곱 길로 도망칠 것이다. 너의 창고와 땅이 복을 받아 풍성하여 넘치게 될 것이다. 너를 거룩한 백성으로 삼을 것이다. 이방 나라들이 너희로 인하여 두려워할 것이다. 약속의 땅에서 너의 가축이 새끼를 낳고 소출이 많을 것이다. 비를 내려 줄 것이다. 너는 꾸어 줄 지라도 꾸지 않을 것이다. 머리가 되게 하고 꼬리가 되게 하지 않을 것이다. 위에만 있고 아래에 있지 않을 것이다. 이 모든 것들이 하나님의 약속입니다.

이렇게 많은 축복에 하나님이 원하시는 것은 좌로나 우로나 말씀에서 벗어나지 않고 오직 하나님만 바라보라는 것입니다. 이것은 요청이기도 하지만 이것마저도 약속이십니다. 나를 바라보는 너희 모두를 내가 책임지신다는 말씀이십니다. 우리를 사랑하시사 순종하는 사람에게 후히 베푸시는 하나님의 은혜에 감사함으로 승리하는 삶이 되시기를 소망합니다.

말씀의 가지

모압

'아버지의 소생'이란 뜻. 소돔 멸망 후 롯의 맏딸이 아버지와 근친상간하여 낳은 아들(창 19:37). 훗날 모압 족속의 조상이 되었다. 모압 족속은 그모스를 국가신으로 숭배하였다(민 21:29). 이들은 남쪽으로는 세렛 골짜기, 북쪽으로는 아르논 강을 경계로 하여 사해 동편 해발 900m의 고원 지대를 중심으로 거주하였다(민 21:13; 삿 11:18).

출애굽 이전에 모압의 중요 성읍은 아모리 족의 지배 하에 있었다(민 21:13-15, 26-30).

모압 땅은 출애굽한 이스라엘 백성이 지나는 행로에 위치했었다(신 2:8-9).

모세는 모압 땅 느보 산상에 올라 약속의 땅 가나안을 바라보았고(신 34:1-5), 모압 땅에서 최후를 맞고 모압 땅에 장사되었다(신 34:6-8).

(라이프 성경사전, 생명의 말씀사 http://www.lifebook.co.kr)

말씀의 꽃 · 나만의 일독 큐티

말씀의 열매 · 기도제목

2월 27

마음을 강하고 담대히 하라

일독 성경 신명기 31장 1-8절(신명기 31-32장 中)

말씀의 씨앗

씨앗말씀 · 오늘 내게 심어진 한 절 말씀

모세가 이스라엘 백성에게 하나님께 순종하면 언제나 보호와 인도하심이 있음을 선포합니다. 그리고 이어 자신은 반석을 친 사건으로 가나안에 들어가지 못함을 이야기합니다. 하나님께서는 그 사명을 여호수아에게 인계하셨습니다. 그래서 모세는 여호수아를 향하여 축복하며 선포합니다.

"너는 강하고 담대하라.
너는 이 백성을 거느리고 맹세하신 땅을 차지하게 하라."

이미 하나님이 주신 땅이지만 노력해서 얻어야 합니다. 이것이 이 땅을 살아가는 성도들의 사명이요 삶의 원리입니다. 하나님이 주신 것을 얻기 위하여 수고하며 살아갑니다. 그러나 반드시 주시고 누리게 하시기에 우리는 소망을 갖습니다.

"나는 너를 저버리지 않는다. 놀라지 말고 두려워 하지 말라."

신실하신 하나님을 믿는 믿음으로 이어진 지도력은 여호수아를 통하여 다시 놀랍도록 역사하십니다. 오직 믿음의 가치관을 가지고 승리하는 우리의 삶이 되기를 소망합니다.

말씀의 가지

여호수아

고대 이스라엘의 지도자로 모세의 후계자. 황야방랑시대에는 모세의 지도를 돕고, 모세가 약속의 땅을 바라보는 동요르단의 땅에서 죽은 후에는 토지 취득을 지향하는 이스라엘 12부족 전체의 지도자로서 서고, 서요르단 중부, 남부, 북부의 가나안 도시를 단기간에 공략, 토지를 여러 부족에게로 분배했다고 한다.

(종교학대사전, 한국사전연구사 1998, 여호수아[Joshua])

말씀의 꽃 · 나만의 일독 큐티

말씀의 열매 · 기도제목

2월
28 모세의 죽음

일독 성경 신명기 34장 1-12절(신명기 33-34장 中)

말씀의 씨앗

씨앗말씀 · 오늘 내게 심어진 한 절 말씀

모세를 사랑하신 하나님은 느보산에 인도하사 약속의 땅을 보게 하셨습니다. 비록 모세가 들어가지는 못하였지만 약속을 지키시는 하나님을 바라보게 됩니다.

우리는 고집스럽게 무언가를 내 손으로 마무리 짓기를 원하지만 마무리 짓는다고 채워지는 것이 아닙니다. 언젠가는 하나님의 부르심에 순종하며 다 내려놓게 됩니다. 가나안 땅을 내가 밟는 것보다 중요한 것은 어디를 밟아도 함께하시는 하나님과의 동행입니다. 모압 땅에서 죽어 장사되었으나 사람 중에는 모세의 장지를 아는 이가 없습니다. 모세의 장지는 분명 우상이 될 가능성이 높습니다. 그러나 하나님은 아무도 모르는 슬픔이 아니라 영원히 인정받는 리더로 모세의 마지막을 예비하셨습니다. 마지막으로 모세가 죽을 때에 백이십 세였지만 기력이 쇠하지 않았다고 기록되어 있습니다. 믿음의 사람은 이것을 평안으로 받아들입니다.

우리의 육신은 비록 아프고 힘겹더라도 우리는 영적인 강건함을 잃지 않고 하나님의 부르심을 받습니다. 모세의 마지막까지 동행하신 하나님의 사랑을 보게 됩니다.
오늘도 평안함과 은혜가 가득한 삶이 되기를 소망합니다.

말씀의 가지

여수룬

'온전하고 의로운 자', '올바른 자', '곧은 사람', '고결한 자'라는 뜻. 하나님의 지극한 사랑의 대상이자 하나님과 친밀한 관계 속에 있는 이스라엘, 그리고 하나님의 은혜로 회복되고 구속받은 이상적인 민족을 가리키는 영적이고 도덕적이며 또한 영광스럽고 시적인 명칭이다(신 33:5, 26; 사 44:2).

그러나 신명기 32장 15절에서는 역설적으로 사용되는데, 즉 하나님의 은혜를 저버리고 범죄한 이스라엘을 견책하는 용도로 인용되고 있다.

(라이프 성경사전, 생명의 말씀사 http://www.lifebook.co.kr)

하나님은 이스라엘이 불순종했음에도 모세를 통해 여전히 그들을 '여수룬'이라 불러주셨다. 오늘날 우리의 연약함과 부족함에도 불구하고 우리를 '성도'이자 '자녀'라고 불러주시듯.

말씀의 꽃 · 나만의 일독 큐티

더 생각해 보기

1. 하나님께서 모세에게 들어가지 못할 땅들을 보게 하신 이유는?(1–4절)
2. 모세가 죽을 때에 기력이 쇠하지 않고 눈도 흐리지 않을 정도로 건강했을 수 있었던 이유는 무엇이었을까?(5–7절)
3. 들어가지 못할 가나안 땅을 바라보며 죽음을 받아들여야 했던 모세의 심정은 어떠했을까?
4. 나는 대가를 바라지 않고 온전히 순종하는 삶을 살고 있는가?

주일 설교 노트

날짜 . . .

주일 설교 노트

날짜 . . .

주일 설교 노트

날짜 . . .

날짜 . . .

3월

예배
worship

여호수아 1장 - 사무엘하 24장

JUM 성경읽기표

• 3월 •

1	여호수아 1-4장	
2	여호수아 5-8장	
3	여호수아 9-12장	
4	여호수아 13-16장	
5	여호수아 17-20장	
6	여호수아 21-24장	
7	사사기 1-4장	
8	사사기 5-8장	
9	사사기 9-12장	
10	사사기 13-16장	
11	사사기 17-19장	
12	사사기 20-21장	
13	룻기 1-4장	
14	사무엘상 1-4장	
15	사무엘상 5-8장	
16	사무엘상 9-12장	
17	사무엘상 13-16장	
18	사무엘상 17-19장	
19	사무엘상 20-22장	
20	사무엘상 23-25장	
21	사무엘상 26-28장	
22	사무엘상 29-31장	
23	사무엘하 1-2장	
24	사무엘하 3-4장	
25	사무엘하 5-8장	
26	사무엘하 9-12장	
27	사무엘하 13-15장	
28	사무엘하 16-18장	
29	사무엘하 19-20장	
30	사무엘하 21-22장	
31	사무엘하 23-24장	

3월

1

구원을 보는 눈

일독 성경 여호수아 2장 1–14절(여호수아 1–4장 中)

말씀의 씨앗

씨앗말씀 · 오늘 내게 심어진 한 절 말씀

기생 라합이라는 여리고 성의 여자가 등장합니다. 모세의 뒤를 이어 이스라엘의 지도자가 된 여호수아는 약속의 땅에 들어가는 길로 여리고 성 함락을 계획합니다. 먼저 두 명의 정탐꾼을 보내어 정세를 살피고 전략을 짜게 됩니다. 그들이 여리고 성에서 숨어들어간 곳이 라합의 집입니다. 이 정보를 입수한 여리고 성 군사들이 라합에게 와서 말합니다. 수상한 자들을 내놓으라. 이때 라합은 이미 도망갔다고 대답합니다. 두 명의 정탐꾼이 부탁해서 한 일이 아니고 스스로 한 일입니다. 왜 그랬을까요? 라합은 이스라엘에 역사하신 하나님의 이야기를 들었습니다. 홍해 사건, 전쟁마다 불리한 조건에도 승리한 사건. 진정한 하나님이 누구신지 알게 된 것입니다. 어떻게? 그 소식을 전한 사람을 통해서. 그렇습니다. 우리가 전해야 할 이유가 이것입니다. 적국의 여인, 기생의 몸, 천한 신분. 하나님을 믿는 믿음은 조건의 낮고 높음의 문제가 아닌 전하고 들어야 생기게 됩니다. 라합은 두 정탐꾼에게 이야기합니다. 여리고 성이 정복될 때에 우리 가족을 기억하여 구원하라. 그들은 맹세하였고 이후 빨간 줄을 밖으로 매달면 그 집안이 보호될 것을 약속합니다. 그리고 여리고 성이 함락됐을 때 라합의 가족이 구원을 받게 됩니다. 집 안에서 가장 비천하게 생각되었을지도 모를 라합을 통하여 온 가족이 구원을 받게 됩니다. 하나님께 쓰임받는 것은 높은 지위에 있다거나 돈이 많다고 되는 것이 아닙니다. 오직 믿음으로만 가능합니다. 과연 내가 할 수 있을까? 용기를 내십시오. 여러분은 할 수 있습니다. 라합의 고백처럼 하나님의 능력이 우리의 믿음을 통해 나타남을 기억하십시오. 하나님은 모든 일을 이루고 주관하는 분이십니다. 우리를 만드시고 사랑하셔서 자신의 독생자 예수 그리스도를 아낌없이 우리에게 주신 분이십니다. 이제는 이것을 믿어야 할 때입니다. 그리고 담대히 전해야 할 때입니다.

말씀의 가지

믿음은 말씀 위에 뿌리를 내려야 한다. 여호수아 1장에는 모세를 대신하여 이스라엘 백성을 이끌고 가나안 땅으로 들어가야 하는 여호수아가 두려워 떠는 모습이 나온다. 그렇게 담대하던 여호수아도 40년 세월이 지난 뒤에 오히려 두려움과 염려가 많아졌다. 그때 하나님께서는 여호수아에게 두려워하지 말라고 말씀하셨다. "강하고 담대하라(1:6), 오직 강하고 극히 담대하여(1:7), 두려워하지 말며 놀라지 말라(1:9)." 하나님께서는 왜 이렇게 두려워하지 말라는 말씀을 반복적으로 하셨을까? 믿음을 잃고 두려워하는 자를 통해서는 아무것도 이룰 수 없기 때문이다. 믿음과 신념은 다른 것이다. 믿음은 자신의 생각이나 다른 어떤 것을 믿는 것이 아니라 하나님의 말씀을 믿는 것이다.

(유기성, 예수님의 사람2(넥서스 2009), pp.96–97)

말씀의 꽃 · 나만의 일독 큐티

말씀의 열매 · 기도제목

3월

2

아골 골짜기

일독 성경 여호수아 6장 16-27절(여호수아 5-8장 中)

말씀의 씨앗

씨앗말씀 · 오늘 내게 심어진 한 절 말씀

여리고 성을 함락시켰습니다. 6일 동안 한 바퀴씩 돌고 7일째에 7바퀴를 돌고 성을 향하여 함성을 지르니 성벽이 무너져 내렸습니다. 오직 기생 라합의 집을 제외하고는 모두 멸하였습니다. 그 기세로 여호수아는 옆의 아이 성을 향하여 갔습니다. 이곳은 모든 조건이 충분히 이길 수 있었습니다. 그러나 패배하였습니다. 각 지파를 모아 하나씩 기도하였더니 결국 아간이 남았습니다. 아간에게 묻자 실토하기 시작하였습니다. 여호수아가 아간의 집에 가자 모든 물건이 말한대로 숨겨져 있었습니다. 물건과 아간과 그 가족 모두를 데리고 아골 골짜기로 갔습니다. 그리고 그곳에서 모두 돌로 쳐 죽이고 불태워 버렸습니다. 죄의 심판은 이렇게 무서운 것입니다. 왜? 다 실토했는데 그랬을까? 회개한 이도 심판하시는가? 아닙니다. 다시 앞의 장면을 보면 아간은 스스로 고백한 것이 아니라 드러난 것입니다. 죄가 드러나는 것은 기회가 지나가는 것입니다. 아골 골짜기는 아간으로 말미암아 하나님의 분노와 심판의 상징이 되었습니다. 그러나 믿는 우리에게는 구원과 보호의 상징입니다.

말씀의 가지

여호수아가 명장이 된 이유가 있었다. 하나님께서 천사를 보내 그에게 특별 과외공부를 시켰다는 것을 아는가? 여리고 성 점령은 그가 사령관이 된 이후 처음으로 적과 싸우는 것이었다. 더군다나 하나님께서 요단강을 건너자마자 사기충천한 이스라엘 남성들에게 모두 할례를 주라는 엉뚱한 명령을 내리신 상태이다. 각 텐트 속에는 모든 남자가 누워서 낫기를 기다리고 있다. 내가 여호수아라면 애간장을 태웠을 것이다. 아마 그래서 백성들이 쉬고 있는 사이 여호수아는 여리고 성에 혼자 온 것 같다. 여호수아 5장 13-15절을 보라. 거기서 그는 칼을 빼들고 서 있는 어느 군인을 만난다. 그리고 대뜸 다음과 같이 말한다. "당신은 우리 편인가, 적의 편인가?" 칼을 빼든 남자가 말했다. "어느 편도 아니다. 나는 오직 주님의 군대 사령관으로 온 것이다." 그때야 여호수아가 정신을 차렸다. 그전까지는 자기가 사령관으로서 공격 루트를 찾아보려고 했었다. "주님에게서 어떤 메세지를 그의 종을 위해 가지고 계시는지요?" 즉, 여호수아가 사령관이 아닌 주님의 종이라는 자기 정체성을 회복하는 순간이었다.

(최하진, 반응 – 하나님의 주도하심에 반응한다 (넥서스 2009), pp.238–239)

말씀의 꽃 · 나만의 일독 큐티

말씀의 열매 · 기도제목

3월

3

분별력이 필요하다

일독 성경 여호수아 9장 3-21절(여호수아 9-12장 中)

말씀의 씨앗

씨앗말씀 · 오늘 내게 심어진 한 절 말씀

약속은 소중한 것이나 거짓 약속은 파멸의 길입니다. 기브온 사람들은 여호수아가 이끄는 이스라엘 백성의 소식을 들었습니다. 여리고 성을 무너뜨리고 아이 성을 점령한 소식은 두려움이었습니다. 그들은 꾀를 내 사신의 모습을 취하되 남루한 모습으로 여호수아에게 옵니다. 먼 곳에서 온 사신입니다. 우리를 공격하지 마십시오. 이미 연약합니다. 여호수아와 족장들은 기브온 사람들과 전쟁하지 않고 화친의 맹세를 합니다. 의심하지 않고 그대로 받아들입니다. 3일이 지나서 그들의 말이 거짓이었음을 알게 됩니다. 가까이 있는 이방 민족이었음을 알게 되었으나 이미 하나님 앞에서 맹세하였습니다. 지킬 수밖에 없는 것입니다.
우리는 하나님께 기도하고 약속할 때에 분별력이 필요합니다. 모습만 보고 판단하면 실수하게 됩니다. 여호수아와 족장들의 실수로 하나님이 주신 땅을 차지하는 것이 아니라 화친의 약속을 지킬 수밖에 없게 됩니다. 인생에 있어 얼마나 많은 순간 어쩔 수 없이 내가 한 약속으로 인하여 마음이 상하고 힘겨운 시간을 보내게 됩니까? 우리에게는 분별할 수 있는 영적인 눈과 지혜가 필요합니다. 족장들은 이 일에 책임을 지고 나무 패는 사람과 물 긷는 자가 됩니다. 리더의 실수로 전체가 힘든 일을 겪게 됩니다. 이스라엘의 리더들은 그 일에 책임을 지고 결국 가장 낮은 자리로 갑니다. 이것 역시 하나님이 우리에게 보여 주시는 모습니다. 우리는 리더로서 실수하면 용서받기만 원하지 책임을 지려 하지 않습니다. 물론 리더의 실수는 공동체의 재산이 됩니다. 같은 실수를 하지 않을 수 있기 때문입니다. 그러나 이곳에 더 큰 신뢰와 분별력과 책임감이 필요합니다. 어떤 리더를 만나는가가 결국 그 공동체의 희망입니다. 예수님은 십자가에 달려 죽기까지 끝까지 책임을 지신 분입니다. 하나님의 약속대로 우리의 모든 죄를 사하시고 오직 예수님의 이름을 믿기만 하면 구원받을 수 있는 율법의 복잡한 통로를 예수님의 사랑의 통로로 아주 단순하게 만들어 주셨습니다. 머리가 좋든 나쁘든 건강이 있든 없든 조건과 상관없이 이 약속을 소유할 수 있도록 만들어 주셨습니다. 하나님은 실수가 없으신 분입니다. 당신을 만드신 것도 실수가 아닙니다. 오직 하나님의 뜻을 분별하여 온전히 부르심에 합당한 삶을 살아가는 우리의 모습이 되기를 기도합니다.

말씀의 가지

'산에 속해 있는'이란 뜻. 예루살렘 북서쪽 9㎞에 있던 베냐민 지파의 성읍(수 21:17). 가나안을 정복할 당시 여호수아는 기브온의 사신들에게 속아서 하나님과 상의하지 않고 그들과 불가침조약을 체결하였다(수 9장). 그 결과 그들은 죽임 당하지 않고 대신 이스라엘 백성의 종이 되어 성전에서 막일을 하였다. 그후 다윗은 이스라엘의 숙적 블레셋을 기브온에서부터 게셀까지 무찔렀으며(대상 14:16), 솔로몬은 왕이 된 직후 기브온 산당에서 일천번제를 드려 하나님으로부터 지혜를 얻었다(왕상 3:3-15, 9:1-9; 대하 1:2-13). 이곳 거민들은 훗날 바벨론 포로 귀환 때 유다 백성과 더불어 본토로 돌아왔으며(느 7:25), 느헤미야의 지시로 성벽 재건에도 적극 참여하였다(느 3:7).

(네이버 지식백과 http://terms.naver.com, 기브온)

말씀의 꽃 · 나만의 일독 큐티

말씀의 열매 · 기도제목

3월

4 이 산지를 내게 주소서

일독 성경 여호수아 14장 6-15절(여호수아 13-16장 中)

말씀의 씨앗

씨앗말씀 · 오늘 내게 심어진 한 절 말씀

갈렙은 모세에게 밟는 곳마다 허락받았다고 말합니다. 그러나 모세는 갈렙에게 한 말이 아니라 이스라엘 온 백성에게 하였습니다. 응답은 무엇인가? 내가 간구하는 것입니다. 붙잡는 것입니다. 갈렙은 같이 들었지만 자신의 것으로 들었습니다. 갈렙이 자신의 권리로 주장한 땅은 기럇아르바입니다. 산지였고 아낙 자손이 자리 잡고 있는 곳입니다. 오히려 할당이 되면 마음이 상할 땅입니다. 애써 가나안에 들어와 또 전쟁을 치뤄야 하는 상황입니다. 그런 땅을 자진해서 달라고 한 것은 갈렙이 여전히 믿음을 가지고 하나님을 의지하는 사람이란 것입니다. 섬김과 헌신의 마음으로 살아간다는 증거입니다.

40세에 정탐을 나갔던 그 땅에 이제 85세가 되어서도 여전히 강건하게 나가는 모습을 보며 한결같은 믿음과 태도가 우리에게 필요한 때임을 보게 됩니다. 하나님께선 갈렙을 통하여 이 산지를 정복하게 하셨고 이 땅은 헤브론으로 이스라엘에게는 중요한 땅이 되었고 전쟁이 그치게 하셨습니다. 갈렙의 헌신은 바로 우리 가운데 오사 죽기까지 사랑하신 예수 그리스도의 모습을 볼 수 있습니다. 예수 그리스도로 말미암아 우리가 참된 평화를 누리게 된 것입니다. 우리의 인생이 변함 없는 믿음과 용기로 승리하기를 소망합니다.

말씀의 가지

갈렙

'개'라는 뜻. 그나스 사람 여분네의 아들. 딸은 악사. 사위는 사사 옷니엘이다(삿 1:12-15, 20, 3:9). 갈렙은 유다 지파의 족장이요 열두 정탐꾼 중 한 사람으로 가나안을 정탐한 뒤 10명 정탐꾼과 이에 동조하는 수많은 이스라엘 백성의 반대에도 불구하고 여호수아와 함께 하나님의 언약을 상기시키며 가나안 땅을 공격하여 정복할 것을 주장했다(민 13:30, 14:6-9). 갈렙은 40세의 나이에도 불구하고 가데스 바네아에서 정탐꾼으로 파견되어 충성을 다했을 뿐만 아니라(수 14:7), 가나안 땅에 들어간 뒤 85세의 나이에도 불구하고 모든 사람들이 두려워하는 헤브론 땅의 장대한 자들, 곧 아낙 자손의 산지를 솔선하여 정복하고 분깃을 받음으로써 하나님의 언약을 이루어 나가는 일에 앞장선 신실한 믿음의 용사였다(수 14:13-15).

(네이버 지식백과 http://terms.naver.com, 갈렙)

말씀의 꽃 · 나만의 일독 큐티

말씀의 열매 · 기도제목

3월

5 피할 성

일독 성경 여호수아 20장 1-9절(여호수아 17-20장 中)

말씀의 씨앗

씨앗말씀 · 오늘 내게 심어진 한 절 말씀

모세는 도피성을 선포하였습니다. 그리고 여호수아는 실현하였습니다. 갈릴리 게데스와 세겜과 기럇아르바를 구별하였고 동요단에 베셀과 길르앗 라못과 바산 골란을 구별하여 도피성을 세웠습니다. 멀리 있으면 도피하다가 잡힐 수도 있습니다. 그러나 하나님은 우리의 형편과 사정을 잘 아십니다. 그래서 해결이 되도록 위치를 선정해 주십니다. 특히 강을 건너는 것은 지체하게 되는 가장 큰 이유가 되기 때문에 강 이편과 저편에 3개씩 6개의 도피성은 가장 가까운 곳에 피할 곳을 두신 하나님의 섭리이며 은혜입니다. 부지중에 살인한 사람이 해명할 기회도 없이 억울하게 보복을 당하지 않도록 피할 성이었습니다.

이 도피성은 바로 예수 그리스도만이 우리에게 참된 안식과 보호이심을 증거합니다. 우리가 스스로 해결할 수 없는 원죄의 구덩이에서 벗어나 참된 쉼을 얻을 수 있는 공간이 어디인지를 생각하게 합니다. 도피성을 지키던 대제사장의 죽음과 더불어 용서받은 죄인이 집으로 갈 수 있었습니다. 제사장의 죽음은 완전한 용서를 상징하였습니다. 이는 예수 그리스도의 십자가의 대속과 사랑을 상징합니다. 도피성을 통하여 우리는 진정한 용서과 평안과 생명이 예수 그리스도 안에 있음을 다시 깨닫게 됩니다. 날마다 감사가 넘치는 삶이 되기를 소망합니다.

말씀의 가지

제비
현실적으로 결정하기 어렵고 쉽게 판단할 수 없는 문제나 앞날의 일들에 대해 하나님의 뜻을 묻기 위해 사용하던 일종의 신탁 도구였다(레 16:8). 돌이나 나무, 종이 등을 이용하여 땅 위에 던지거나 용기에서 추첨하는 형식의 제비가 널리 사용되었다. 제비뽑기는 주술(미신)적 차원과는 다른 것으로 세상에 우연한 일은 하나도 없으며 모든 일의 결정은 하나님의 절대 주권에 달려 있다는 신앙에서 출발된 제도다(민 26:55; 잠 16:33). 이 제비뽑기를 통해 나타난 결과는 결국 하나님의 판단으로 여겨져 모든 관련자들로부터의 순종을 이끌어낼 수 있었다(잠 18:18). 제비뽑기가 이뤄진 예를 보면, 아사셀 염소와 속죄제물을 구분할 때(레 16:8-10), 가나안 땅의 영토 분배(수 14:2), 군사들을 선발할 때(삿 20:9), 왕을 선택할 때(삼상 10:17-21), 숨은 허물이나 범죄자를 구별해 낼 때(삼상 14:36-42; 욘 1:7), 성전의 직무를 할당할 때(대상 25:8, 26:13) 등을 볼 수 있다.

(라이프성경사전 (생명의 말씀사 2006), 제비)

말씀의 꽃 · 나만의 일독 큐티

말씀의 열매 · 기도제목

3월

6 한 명이 천 명을 쫓으리라

일독 성경 여호수아 23장 1-11절(여호수아 21-24장 中)

말씀의 씨앗

씨앗말씀 · 오늘 내게 심어진 한 절 말씀

여호수아가 나이가 많아 여호와의 부르심을 받게 됩니다. 하나님이 부르시면 온 순서에 상관없이 그 품으로 언제나 갑니다. 그러나 기억할 것은 누구나 나이가 들면 반드시 죽게 됩니다. 여호수아도 예외가 아닙니다. 죽음 앞에서는 아무것도 필요가 없습니다. 진짜의 것을 이야기하게 됩니다. 꼭 싸두었던 비밀도 꺼내놓게 됩니다. 여호수아가 마지막에 남긴 말은 무엇인가? 하나님이 우리를 위하여 싸우신 자라는 고백입니다. 그 수많은 전쟁과 승리가 내가 싸운 것이 아니요 하나님이 행하신 것입니다. 이제 하나님의 말씀을 반드시 지켜 행하라는 것입니다. 하나님과의 관계에 최선을 다하라는 것입니다. 사람의 눈치를 보지 말라는 것입니다.

사람을 의지하면 사람의 상식에 머물게 됩니다. 그러나 하나님은 한 명이 천 명을 내어쫓을 힘을 주시는 분이십니다. 무엇보다 하나님을 사랑하라고 말합니다. 인생에서 가장 귀한 것은 바로 하나님을 사랑하는 것입니다. 우리가 아무리 드려도 아깝지 않은 것은 하나님이 우리를 사랑하시기 때문입니다. 이미 모든 것을 소유하신 하나님 안에서 마음을 드리는 것이지 하나님은 우리의 능력이나 재산이 필요하신 분이 아니십니다. 날마다 승리가 하나님 안에 있음을 깨닫고 소망을 가지고 기도로 승리하기를 소망합니다.

말씀의 가지

여호수아 24장 15절은 은혜의 시스템을 보여 준다. "나는 하나님으로부터 비할 데 없는 은혜를 받았습니다. 그러니 당신들이 다 떠난다 하더라도, 그래서 내 노력이 아무런 보상을 받지 못한다 하더라도, 하나님께서 나의 최선을 드리는 것으로 충분합니다." 여호수아의 단짝인 갈렙은 이런 은혜의 시스템을 잘 보여 주는 예이다. 그는 여호수아 14장에서 땅을 분배받는 시점에서 하나님께 받은 은혜를 깊이 간직하는 은혜의 시스템에 있었기에, 자신이 세운 공에 대한 대가를 요구하지 않고 자신의 최선을 더 내어놓겠다고 한 것이다. 예수님이 이 땅에 전해 주신 것도 바로 이 은혜의 시스템이다. 예수님은 이 땅의 인간에게 구원의 선물을 주셨다.

(송준석, 떡 굽는 사람 맛디다 (도마의길 2008), p.97)

말씀의 꽃 · 나만의 일독 큐티

더 생각해 보기

1. 수많은 전쟁을 승리로 이끈 여호수아가 자신의 마지막 때에 그 모든 공로를 자신에게 돌리지 않을 수 있었던 이유는?(1-3절)
2. 제비를 뽑아서 기업이 되게 하였다는 것은 무엇을 의미하는가?(4절)
3. 여호수아가 말하는 승리의 비결은 무엇인가?(5-8절)
4. 내가 의지하고 자랑하는 것은 무엇인가?

3월

7 옷니엘, 에훗, 삼갈

일독 성경 사사기 3장 11–31절(사사기 1–4장 中)

말씀의 씨앗

씨앗말씀 · 오늘 내게 심어진 한 절 말씀

이스라엘이 여호와의 목전에 악을 행하므로 메소보다미아의 지배를 받았습니다. 그러나 다시 회개하여 옷니엘을 세우시고 40년 동안 태평을 누렸습니다. 하나님의 보호하심이 없으면 국가도 개인도 아무 힘을 가지지 못합니다. 힘의 근원이 하나님이십니다. 비록 모압이 더 힘이 있었지만 하나님은 왼손잡이 에훗을 예비하십니다. 태권도 선수들은 높고 화려하게 발차기를 하지 않습니다. 오히려 반칙처럼 보이리만치 낮게 찹니다. 그것이 빠르기 때문입니다. 에훗이 모압 왕에게 숨어 들어가 오른쪽 다리에서 칼을 꺼내 죽입니다. 왼손잡이였기 때문에 가장 빠르게 뺄 수 있는 것은 오른쪽 다리인 것이죠. 에훗이 가장 적절하게 공격 가능하게 한 것은 바로 말씀대로 하나님의 지혜입니다. 이스라엘 백성은 다시 회개하고 에훗을 세워 80년 동안 태평을 누렸습니다. 그리고 다시 블레셋에 공격당하는 이스라엘을 삼갈을 통해 구원하셨습니다. 소 모는 막대기는 길가에서 주운 것일 경우가 많습니다. 소의 엉덩이를 때리는 막대기로 철기로 무장하여 강한 블레셋 600명을 쳐서 이겼습니다. 현실에서 도저히 불가능한 일을 하나님은 행하게 하시는 것입니다.

이것이 능력이며 은혜입니다. 하나님이 함께 하실 때에만 가능한 일입니다.

어떤 어려움이 다가와도 반드시 응답하시고 놀라운 일을 행하실 하나님을 기대하며 하루를 살아갑니다.

말씀의 가지

사사기

사사들의 시대는 이스라엘인들이 가나안에 정착한 시대(여호수아서에 기록되어 있다)부터 이스라엘에 최초의 왕(사울)이 탄생한 시대 사이에 해당한다. 사사기는 낯익은 이야기를 되풀이하고 있다. 이스라엘인들은 참된 신을 잊고 우상들을 숭배한다. 이에 하나님은 이웃 민족을 시켜 그들을 응징한다. 그들이 구원자를 바라자 하나님은 강력한 인물을 보내 적을 물리치게 하신다. 이런 형식이 반복된다. 모두 열다섯 명의 사사들이 나오는데 일부는 이름만 나올 뿐이다. 가장 유명한 사사들은 기드온, 삼손, 입다이며, 유일한 여성 사사인 드보라도 있다. 이 책의 주제는 한마디로 이것이다. "그때에 이스라엘에 왕이 없으므로 사람이 각기 자기의 소견에 옳은 대로 행하였더라"(삿 21:25).

(바이블 키워드 (들녘 2007), 사사기)

말씀의 꽃 · 나만의 일독 큐티

말씀의 열매 · 기도제목

3월

8 비우는 전쟁

일독 성경 사사기 7장 1–9절(사사기 5–8장 中)

말씀의 씨앗

씨앗말씀 · 오늘 내게 심어진 한 절 말씀

큰 용사여 일어나라. 연약한 기드온을 부르신 하나님의 음성입니다. 할 수 없다는 고백을 오히려 하나님만이 하실 수 있다는 고백으로 바꾸시는 섭리입니다. 그 선포로 기드온은 이제 군사를 뽑게 하십니다. 남자들을 모았지만 두려워 떠는 자는 모두 집으로 돌려보냈습니다. 삼만 이천 중에 이만 이천 명이 돌아갔습니다. 무릎을 꿇고 입으로 물을 먹는 자도 다 돌려보냈습니다. 삼만 명이 넘는 사람을 다 뿌리치고 남은 삼백 명과 함께 전쟁에 나갔습니다.

하나님이 함께하시는 전쟁은 밖이 아니라 끊임없이 내 안에서 일어나는 전쟁입니다. 내 기준과 내 힘과 내 의지를 가지고 하는 것이 아닙니다. 오히려 비우고 하나님만 믿는 것입니다. 내 힘이 아니라 하나님이 행하시는 것을 신뢰하는 것입니다. 그리고 그냥 기다리지 않습니다. 게으르지 않습니다. 책임을 떠넘기기 위한 대비를 하지 않습니다. 그들은 이 밤에 나갔습니다. 즉시 순종하였습니다. 믿음의 군사로 부름 받은 우리는 어떻게 살 것인가? 순종함으로 나아가야 합니다. 우리는 그냥 믿는 것이 아니라 준비된 믿음의 태도가 필요합니다. 그리고 태도만 준비하는 것이 아니라 즉시 순종의 행함이 필요합니다. 예수님이 보여 주신 것처럼 세상의 거짓에 타협하지 않고 십자가에 달려 죽기까지 순종하신 그 모습이 우리의 삶 속에 나타나기를 소망합니다.

말씀의 가지

드보라 [Deborah]

'꿀벌'이란 뜻. 이스라엘의 네 번째 사사 – 랍비돗의 아내요 여성 사사로서, 에브라임 산지 라마와 벧엘 인근에서 이스라엘을 다스렸으며 종려나무 아래서 백성을 재판했다(삿 4:4–5). 납달리 출신 바락을 군대장관으로 삼아 가나안 왕 야빈과 그 군대장관 시스라의 군사들을 다볼 산 인근 기손 강 전투에서 괴멸시켜 이스라엘을 압제자들의 손에서 구원하고 40년 간 태평성대를 이루었다(삿 4:6–7, 14–16). 사사기 5장에 나오는 '드보라의 노래'는 구약에서 가장 오래된 노래 중 하나로 꼽히는데, 당시 가나안과 근동의 역사와 종교, 문학(시 형식)을 연구하는 데도 중요한 자료가 되고 있다.

(라이프성경사전 (생명의말씀사 2006), 드보라)

말씀의 꽃 · 나만의 일독 큐티

말씀의 열매 · 기도제목

3월

9 가시나무 왕

일독 성경 사사기 9장 7-18절(사사기 9-12장 中)

말씀의 씨앗

씨앗말씀 · 오늘 내게 심어진 한 절 말씀

기드온은 왕으로 요청을 받아도 거절하였습니다. 그러나 세겜에 있는 첩을 통한 아들 아비멜렉은 왕이 되길 원했습니다. 자신의 세력을 모으고자 여룹바알의 아들 칠십 명을 죽였습니다. 그들은 그의 형제였습니다. 자신의 형제를 죽이고서라도 욕심을 채우는 데 급급한 야망의 사람이었습니다. 겨우 마지막 아들 요담만 남았습니다. 스스로 왕이 되고자 하는 사람에게 하나님은 경고하셨습니다. 하루는 나무들이 왕을 세우고자 감람나무에게 요청하였습니다. 나의 기름은 하나님을 영화롭게 하나니 내가 어찌 요동하리요. 무화과 나무에게 요청하였습니다. 나의 아름다운 실과를 버리고 어찌 요동하리요. 포도나무에게 요청하였습니다. 하나님과 사람을 기쁘게 하는 새 술을 버리고 어찌 요동하리요. 이에 가시나무에게 요청하였습니다. 나를 왕으로 삼겠거든 내 그늘에 피하라. 그리하지 않으면 불이 가시나무에서 나와서 레바논의 백향목을 사를 것이니라.

가시나무는 바로 아비멜렉을 의미합니다. 이제 아비멜렉을 왕으로 세웠기 때문에 의로움이 아닌 악으로 망하게 될 것을 이야기합니다. 우리의 삶을 돌아보아도 하나님의 뜻이 아닌 자신의 야망은 결국 아무런 열매없는 가시나무가 됩니다. 그 가시는 결국 예수님의 머리에 둘러 피가 나게 하고 아픔을 드렸습니다. 우리의 삶은 나를 높여 스스로 세우는 왕이 아닌 진정한 섬김과 믿음의 나무가 되어야 합니다.

말씀의 가지

입다는 술집에서 몸 파는 여인의 아들이었다. 다른 어머니로부터 구박을 당했고 이복 형제들로부터 멸시를 받았다. 본처로부터 태어난 형제들이 유산을 걱정하여 그를 경계하며 내쫓았다. 그는 새로운 마음으로 타향살이를 하려 했지만 직업 없이 떠도는 불량배들로 인해 마음대로 되지 않았다. 그는 행복한 생활과는 거리가 먼 사람이었다. 스스로 결정해서, 또는 자신의 실수로 말미암아 고난을 겪지 않았다. 대부분의 사람은 신세타령을 하며 세상을 원망할 것이다. 그러나 입다는 달랐다. 그에게는 하나님을 경외하는 신앙이 있었기에 물러서지 않았다. 하나님으로 인해 반드시 자신에게도 희망이 있다는 것을 굳게 믿고 불행한 환경을 극복해냈다.

(김학중, 영적 자존심을 회복하라(넥서스 2010), p.174)

말씀의 꽃 · 나만의 일독 큐티

말씀의 열매 · 기도제목

3월 **10**

하나님과의 비밀은 말하지 말라

일독 성경 사사기 16장 18-22절(사사기 13-16장 中)

말씀의 씨앗

씨앗말씀 · 오늘 내게 심어진 한 절 말씀

삼손에게는 하나님이 주신 비밀이 있었습니다. 그것은 머리카락에 힘의 언약이 있다는 사실입니다. 삼손은 평생을 머리에 칼을 대지 않고 하나님과 서약한 나실인으로 살아갑니다. 그러나 삼손에게는 들릴라라는 여인이 있었습니다. 들릴라는 블레셋의 요청을 받아 삼손의 힘의 근원을 알아내려고 노력합니다. 삼손은 말하지 않았습니다. 그러나 들릴라가 계속해서 재촉하자 결국 그 비밀을 말하고 맙니다. 이 일은 삼손의 인생을 송두리째 바꾸어 놓았습니다. 삼손은 머리가 밀리고 눈이 뽑히고 결국 노예가 되어 맷돌을 돌리는 수모를 겪습니다.

그러나 후회하며 기도하는 삼손에게 하나님의 계획하심이 있었습니다. 하나님은 그의 밀린 머리가 다시 자라게 하십니다. 그리하여 삼손은 블레셋의 놀이에 동원되어 조롱을 당하고 있을 때에 블레셋 성의 기둥을 잡아 무너뜨리고 함께 죽게 됩니다. 그의 죽음을 통하여 살아있을 때보다 더 많은 이스라엘의 적을 물리칩니다. 삼손의 인생은 그렇게 마감이 됩니다. 우리에게 생명이 있는 날 동안에 하나님 앞에 신실한 믿음의 삶이 되기를 소망합니다.

말씀의 가지

삼손은 스스로가 절제와 거룩한 삶을 선택한 것이 아니라 세상에 태어나기 전부터 구별된 사람으로 살도록 하나님으로부터 결정되어 태어난 사람이었다. 그는 힘의 비밀을 지켜가야 할 책임이 있었다. 그러나 삼손은 블레셋의 요염한 기생 들릴라에게 능력의 비밀을 털어놓고 말았다. 그 순간 그는 추락하고 만다. 믿음의 힘을 잃어버리면 현재도 미래도 볼 수 없게 된다. 분별력을 잃고 만다. (중략) 사람은 누구나 태어날 때 하나님으로부터 받은 선물이 있다. 삼손의 비극이 무엇인가? 하나님의 선물을 지키지 못한 것이 아닌가? 내게 주신 선물을 열어보아야 한다. 그리고 선물을 즐거워하고 소중히 지켜야 한다.

(정영진, 사람이 모이는 리더 사람이 떠나는 리더(리더북스 2006), pp.97–99)

말씀의 꽃 · 나만의 일독 큐티

말씀의 열매 · 기도제목

3월

11

보지도 듣지도 못하니라

일독 성경 사사기 19장 20–30절(사사기 17–19장 中)

말씀의 씨앗

씨앗말씀 · 오늘 내게 심어진 한 절 말씀

한 레위인이 첩을 두었습니다. 그러나 첩이 행음하여 친정으로 도망갑니다. 레위인은 첩의 친정에 찾아가 장인을 설득하고 자신의 첩인 아내를 이야기하여 데려옵니다. 집으로 가는 여정 중에 밤이 되어 숙소를 찾으나 찾지 못합니다. 그때 기브아 땅에서 한 노인을 만나게 되고 노인의 집에 유숙하였습니다. 밤이 되어 문을 두드리는 소리가 들립니다. 불량배들의 무리가 와서 남자를 요구합니다. 이때 노인은 안 된다고 하지만 막무가내입니다. 결국 남자는 자신의 안전을 위하여 아내를 밖으로 밀어냅니다. 밤새 유린당한 그 첩은 결국 아침이 되어 문 앞에 와서 쓰러집니다. 이른 아침 레위인은 아내를 찾을 생각도 하지 않고 도망갈 채비를 하고 나갑니다. 이때 문 앞에 쓰러진 자신의 아내를 발견합니다. 그러나 죽었습니다. 이에 레위인은 그 시체를 집으로 가져와서 12조각을 내어 이스라엘 각 지파에게 보냅니다. 윤리가 무너지고 신앙을 떠난 상황 속에서 결국 소돔과 고모라와 같은 죄의 잔인한 열매가 맺힙니다. 이를 접한 이스라엘 사람들은 이렇게 이야기합니다. 애굽에서 나와 광야를 지났건만 지금까지 이러한 참상은 보지도 듣지도 못했노라. 자신들의 타락한 모습을 보기보다 당장의 상황을 평가하는 것이 사람의 모습입니다.

예수 그리스도를 통하여 치유와 회복의 역사가 나타난 것과 완전히 반대로 이 사건은 분노와 전쟁을 일으킵니다. 레위인이 자신의 성직을 소홀히 하고 첩을 두고 또한 사랑이 아닌 소유물처럼 여겼을 때에 벌어진 사건입니다. 우리가 해야 할 일은 무엇입니까? 남을 다스리는 것이 아니라 내 안에 신앙을 먼저 점검할 때입니다.

말씀의 가지

에브라임 [Ephraim]

'열매 풍성한 땅'이란 뜻. 가나안 정복 전쟁 후 영토를 나눌 때 요셉의 자손(요단 동쪽에 정착한 므낫세 반 지파 제외, 민 32:33, 39-42)은 흔히 '에브라임 산지'로 불리는 팔레스타인의 중앙 산지를 받았다(수 17:14-18). 에브라임 산지란, 하나의 산을 가리키는 것이 아니라 에브라임 지파가 차지했던 팔레스타인 중부의 높은 구릉 지대를 말한다(수 17:15; 삼상 1:1). 해발 600-900m의 고지대로서(남쪽 지역이 북쪽보다 높음) 남북의 길이가 대략 24㎞, 동서의 너비가 약 43㎞였다. 이곳 땅은 대체로 비옥했고 1년 강우량은 유다 남부보다 많은 500-700mm 가량이며, 우기에 물길을 내는 와디와 그런 환경을 잘 이용한 계단식 농작법이 발달되어 곡식과 포도 등 많은 농산물 수확은 물론 풍부한 목초지로도 유명한 풍요의 땅이었다.

에브라임의 중요 성읍으로는 사사 시대 종교의 중심지였던 벧엘과 실로를 비롯하여 세겜(수 20:7; 왕상 12:25), 라마다임 소빔(삼상 1:1), 딤낫세라(수 19:50) 등이 있다.

(라이프 성경사전 (생명의말씀사 2006), 에브라임)

말씀의 꽃 · 나만의 일독 큐티

말씀의 열매 · 기도제목

3월

12 다시 기도

일독 성경 사사기 20장 24-29절(사사기 20-21장 中)

말씀의 씨앗

씨앗말씀 · 오늘 내게 심어진 한 절 말씀

레위인 한 사람의 죄악으로 모든 이스라엘 지파가 전쟁에 들어갑니다. 베냐민 지파는 이만육천칠백 명과 나머지 이스라엘 지파 40만 명이 싸웁니다. 숫자로 보면 상대가 되지 않습니다. 그리고 이스라엘은 하나님의 응답을 받고 전쟁에 나갑니다. 먼저 유다 지파가 나가라는 음성을 듣고 나갔으나 그날 이만이천 명이 죽었습니다. 다시 묻고 싸움에 나가라는 음성대로 나갔더니 이번에는 일만팔천 명이 죽었습니다. 숫자도 유리하고 기도까지 하고 응답받고 나간 전쟁에서 패배합니다. 이것은 이스라엘을 갈등하게 만드는 것이었습니다. 우리 인생에서도 선한 뜻을 가지고 기도하면서 나감에도 불구하고 또다시 찾아오는 실패 앞에서 지쳐갈 때가 많이 있습니다. 이스라엘은 어떻게 하였습니까? 또다시 포기하지 않고 울며 기도하였습니다. 그리고 하나님께 다시 나가 싸우라는 응답을 받았습니다. 지금까지 했는데 또다시 하는 것은 용기가 필요합니다. 패배의 기억을 넘어서는 믿음이 필요합니다.

하나님은 이것을 원하십니다. 실패는 과정이지 결과가 아닙니다. 하나님은 우리를 단련시키기를 원하시지 패배하기를 원하시지 않습니다. 이스라엘은 말씀대로 전쟁에 나갔습니다. 그리고 이번에는 큰 승리를 거두었습니다. 우리는 승리하면 기뻐하고 패배하면 절망합니다. 그러나 환경과 조건이 아닌 진정으로 남는 것은 하나님이 우리를 붙잡고 계시고 사랑하신다는 그 한 가지입니다. 오늘도 다시 기도합니다.

말씀의 가지

이스라엘은 주변 국가들에게 지속적으로 포위당하고 있었다. 사사기에는 "그때에 이스라엘에 왕이 없었고"(삿 18:1, 19:1, 21:25)라는 구절이 반복적으로 나온다. 이것은 군주정치가 군사적 위협에 대한 해결이 될 수 있음을 보여 준다. (중략) 그러나 사사기는 이스라엘을 향한 위협이 외부적이거나 군사적인 측면만이 아니라 언약을 잊어버리는 데서 발생하는 내부적 측면이 있음을 명백히 보여 준다. 사사기 후반부에 나오는 끔찍한 유혈 분쟁들은 이스라엘이 하나님과의 언약을 망각했기 때문에 발생했다. 사사기는 "사람이 각기 자기의 소견에 옳은 대로 행하였더라"라는 구절로 끝나는데 이 구절은 이스라엘 백성의 복수들을 정당화하는 논리로 작용한다. 내부적이고 외부적인 위협은 하나님이 이스라엘 백성에게 주신 사명을 완수하지 못하게 하고, 성서 이야기의 진행을 가로막는 주된 원인이 되었다.

(리차드 미들턴, 포스트모던 시대의 기독교 세계관 (살림 2007), p.264)

말씀의 꽃 · 나만의 일독 큐티

말씀의 열매 · 기도제목

3월

13 정직한 결정

일독 성경 룻기 4장 1-12절(룻기 1-4장 中)

말씀의 씨앗

씨앗말씀 · 오늘 내게 심어진 한 절 말씀

보아스는 비록 모압 여인이지만 룻의 착한 행실을 기억하였습니다. 그리고 도와주는 것을 넘어 함께하기를 원했습니다. 그러나 정직하게 행하기를 원했습니다. 이것에 대한 권리를 가진 사람이 잘 모르고 있음을 알았기 때문입니다. 이 사람은 기업 무를 자로 칭하여십니다. 보아스는 기업 무를 자와 장로 열을 청하여 앉히고 이야기합니다. 엘리멜렉의 기업에 대한 권리를 가지겠는가? 이에 기업 무를 자가 자신이 갖겠다고 합니다. 그럼 그에 대한 책임으로 모압 여인을 취하여 후사를 세워야 하는데 하겠나? 당시 이방 여인이 이스라엘에 들어오는 것에 대하여 기업 무를 자는 고민을 합니다. 그리고 대답합니다. 그렇다면 갖지 않겠으니 당신이 알아서 하시오. 그러면서 신을 벗어 보아스에게 증거를 삼습니다. 이로써 다음번 권리를 가진 보아스가 공식적으로 엘리멜렉의 책임과 권리를 소유합니다.

이것이 하나님의 사람에게 필요한 삶의 모습입니다. 비록 원한다 하더라도 정직하게 공식적으로 해내는 것입니다. 모압 여인을 취했지만 백성들은 룻의 착한 행실을 알고 있었습니다. 그래서 축복하며 받아줍니다. 보아스의 아내가 된 룻은 축복 속에 하나님의 약속의 백성이 됩니다. 그리고 이를 통하여 그 자손에서 다윗이 태어나게 됩니다. 그리고 예수 그리스도에 이르기까지 축복을 받습니다. 정직히 행하는 것 이것이 능력입니다.

말씀의 가지

룻 [Ruth]

'친구'란 뜻. 베들레헴 사람 엘리멜렉과 나오미의 아들 말론의 모압인 아내. 룻기의 주인공. 모압 땅에서 남편과 두 아들(말론과 기룐)을 잃은 시어머니 나오미를 따라 베들레헴으로 돌아와 이삭 줍기로 봉양하던 중 인척 보아스를 만나 가정을 이루고 오벳을 낳았다. 그녀는 이방 여인이었지만 효성이 지극하고(룻 1:16), 근면 성실하며(룻 2:6-7, 23) 순종적인 여성으로서(룻 3:5, 11) 훗날 그의 자손을 통해 다윗과 그리스도가 탄생하는 복을 받게 된다(룻 4:13, 21-22; 마 1:5).

(라이프성경사전 (생명의말씀사 2006), 룻)

말씀의 꽃 · 나만의 일독 큐티

더 생각해 보기

1. 왜 보아스는 쉽고 빠른 길을 택하지 않았을까?(1-3절)
2. 기업 무를 자가 처음에는 무른다고 하다가 두 번째에서 무르지 못하겠다고 말한 이유는 무엇일까?(4-5절)
3. 왜 보아스는 기업 무를 자의 대답을 들었음에도 마지막까지 신중을 기하며 마무리를 짓고 있는가?(7-11절)
4. 나는 원하는 것을 취할 때 어떤 방법을 선택하는가?

3월

14

다시는 근심이 없더라

일독 성경 사무엘상 1장 9–18절(사무엘상 1–4장 中)

말씀의 씨앗

씨앗말씀 · 오늘 내게 심어진 한 절 말씀

한나는 아들이 없었습니다. 그래서 간절한 마음으로 서원하며 기도하였습니다. 만약 아들을 주시면 이 아들의 머리에 평생 삭도를 대지 않겠습니다. 사무엘의 입장에서 보면 어머니의 약속으로 평생 머리를 깍지 않아야 합니다. 이것은 받아들이는 입장에서 중요한 부분입니다. 이것의 믿음의 가치를 보고 자신이 태어난 기도를 소중하게 여기면 할 수 있습니다. 나는 아이들을 낳을 때 이미 고등학교때 부터 아이들의 이름을 어머니께서 지어주셨습니다. 아이들은 평생 그 이름을 가지고 살아야 합니다. 그 가치는 자신들이 소중하게 생각하는 만큼 믿음의 유산이 됩니다. 한나가 기도할 때 엘리 제사장은 그녀가 술에 취한 것으로 오해하였습니다. 그러나 아님을 알고 지나가는 말로 축복을 합니다. 그러나 한나는 그것을 믿음으로 잡습니다. 그리고 근심과 걱정을 모두 버려버렸습니다. 그런 그녀에게 하나님은 아들 사무엘을 허락하셨습니다. 결국 능력 있는 목회자의 말이 아니라 자신의 믿음으로 얻는 것입니다. 마치 혈우병을 앓던 여인이 예수님에게 간절히 부탁할 때와 같이 붙잡아야 합니다. 오직 능력이 하나님 안에 있음을 믿고 승리하는 삶이 되기를 소망합니다.

말씀의 가지

엘리 [Eli]

'높다', '하나님은 높으시다(존귀하시다)'는 뜻. 아론의 넷째 아들인 이다말의 후손(대상 24:3, 6). 사사와 대제사장직을 동시에 수행했던 인물(삼상 1:3, 4:18). 성경에 등장하는 그는 나이가 많아 육체적으로 노쇠했고 영적 감수성을 잃은 상태였지만(삼상 3:1-2), 어린 사무엘의 보호자요 스승으로서 그를 양육하며 교육시켰다(삼상 1:25-28, 3:8-9). 그는 불량자인 두 아들(홉니와 비느하스)을 제대로 훈육하지 못하였고(삼상 2:12-25), 그로 인해 자기 집안이 몰락하는 비운을 맞았다(삼상 2:27-36, 3:11-14, 4:17-18; 왕상 2:26-27). 그와 동시에 이스라엘은 블레셋에게 패하여 법궤까지 빼앗기는 국가적 위기에 직면했다(삼상 4:11-18). 하지만 하나님은 엘리를 대신할 충실한 일꾼을 준비하고 계셨다(삼상 2:35, 3:1-18).

(라이프성경사전 (생명의말씀사 2006), 엘리)

말씀의 꽃 · 나만의 일독 큐티

말씀의 열매 · 기도제목

3월

15 에벤에셀의 하나님

일독 성경 사무엘상 7장 3-14절(사무엘상 5-8장 中)

말씀의 씨앗

씨앗말씀 · 오늘 내게 심어진 한 절 말씀

엘리 제사장과 그 아들들이 자신의 직분에 합당한 일을 행하지 못하고 이스라엘 백성들도 하나님 앞에서 우상을 떠나지 못할 때 결국 블레셋에 패하고 법궤를 빼앗기는 수모를 겪습니다. 그러나 사무엘을 통하여 다시 회복할 기회를 갖게 됩니다. 바로 미스바로 모여 하나님 앞에 부르짖으며 기도하는 것입니다. 이스라엘 백성이 위기 속에서 승리하는 비결은 군사력을 늘리는 것이 아니라 기도임을 보게 됩니다. 블레셋은 무방비 상태의 이스라엘 백성들을 공격하러 미스바로 올라갑니다. 표면으로 보면 이스라엘은 연약하고 블레셋의 손에는 칼이 있습니다. 그러나 온전한 제사를 드리는 사무엘의 기도를 들으시고 온 백성이 미스바에 모여 기도하는 모습을 보신 하나님께서 응답하십니다. 우레를 내려 블레셋을 혼동하게 하며 완전한 승리를 허락하십니다. 기도는 능력입니다. 가장 연약해 보이는 모습이지만 하나님이 움직이시는 힘이 있습니다. 사무엘이 돌을 세워 블레셋을 물리치게 하신 하나님을 기억하며 여기까지 우리와 함께 하셨다는 의미의 에벤에셀이라 이름합니다. 이것은 땅의 경계선입니다. 그러나 영적으로 보면 하나님은 어디를 가든 무엇을 하든 내 인생의 모든 길에 동행하시고 응답하시는 분이심을 나타냅니다. 사무엘의 살아 있는 동안 하나님이 주신 평화를 누리게 하신 것은 믿음의 삶이 진정한 능력임을 알게 하십니다.

말씀의 가지

기럇 여아림 [Kiriath Jearim]

'숲의 성읍'이란 뜻. 기브온과 그비라와 브에롯과 함께 기브온 족속의 네 성읍 가운데 하나(수 9:17). 예루살렘 서쪽 11㎞ 지점으로 '바알라'(수 15:9), '기럇 바알'(수 15:60), '바알레유다'(삼하 6:2), '기럇'(수 18:28) 등 바알 관련 지명을 여럿 가지고 있는 것으로 보아 일찍부터 바울 숭배의 중심지였음을 짐작할 수 있다. 가나안 정복 당시 기브온 족속과 맺은 동맹 때문에 민족은 보존되었으나(수 9장) 그 땅은 유다 지파가 차지하였고, 나중에는 베냐민 지파에게 재분배되어 남서쪽 변방이 되었다(수 18:14–15, 28).

사사 시대 말기 전쟁에서 언약궤를 빼앗았던 블레셋 사람들은 언약궤로 인해 오히려 블레셋에 재앙이 발생하자 언약궤를 이스라엘로 돌려보냈고, 이 언약궤는 20년간 기럇 여아림에 보관되었다(삼상 6:21, 7:1–2). 그리고 왕이 된 다윗은 기럇 여아림에 있던 언약궤를 예루살렘으로 옮겨왔다(삼하 6:1–3; 대상 13:5–8).

(라이프성경사전 (생명의말씀사 2006), 기럇 여아림)

말씀의 꽃 · 나만의 일독 큐티

말씀의 열매 · 기도제목

3월

16

아직 모르다

일독 성경 사무엘상 10장 17–27절(사무엘상 9–12장 中)

말씀의 씨앗

씨앗말씀 · 오늘 내게 심어진 한 절 말씀

왕을 요구하는 이스라엘 백성에게 사무엘을 통하여 사울이 세움을 받습니다. 지파대로 1000명씩 나와서 그중에 사울이 섭리대로 뽑히자 이스라엘 백성들은 일제히 왕에게 만세를 외칩니다. 그러나 바로 직후의 장면을 보면 집으로 돌아갑니다. 아무 일 없었다는 듯이 돌아갑니다. 어떤 무리는 어떻게 이런 사람이 왕이 되었는가 비웃기까지 합니다. 그럴 수도 있는 것이 왕으로 뽑힌 사울이 짐보따리 뒤에 숨어서 자신이 왕으로 세움 받은 것을 부끄럽게 생각하였기 때문입니다. 덩치는 크고 건장한데 마음은 여리고 나서지 못하였습니다. 그러나 사무엘을 통하여 하나님은 말씀하셨습니다. 5절과 6절 말씀을 보면 새 사람이 되리라고 약속하셨습니다. 그러나 사람들은 그것을 보지 못하고 있습니다. 예수 그리스도께서 오셨을 때에 사람들은 기뻐했습니다. 그러나 그 기쁨은 자신들의 기준에 맞추어 생각한 것입니다. 마치 사울을 기뻐한 것이 아니라 자신의 요구대로 왕이 세워진 것을 기뻐하는 이스라엘 백성의 모습이 그대로 다시 보입니다. 자기의 기준대로 생각하고 판단하고 살아가는 것 그보다 어리석은 일은 없습니다.

예수님은 사람의 기준이 아닌 하나님의 약속대로 오셔서 구원의 역사를 십자가를 통해 끝까지 이루어 주셨습니다. 하나님의 섭리는 사람의 작은 머리에서 나올 수 없습니다. 오직 믿음만이 능력이며 살아갈 힘입니다.

말씀의 가지

사무엘

구약에 나오는 인물로, 기원전 11세기의 사자, 제사장. 예언자의 기능을 함께 가진다. 에브라임 사람, 라마 출신, 선견자, 예언자, 판관이라고 불리며 이스라엘의 왕제도입시에 결정적 역할을 수행하였다. 엘가나와 한나의 자식. 어머니 한나의 기도로 주어지고, 실로의 신전제사장 엘리 밑에 맡겨져서 예언자로서 소명받았으며 이스라엘의 최후의 판관으로서 벧엘, 길갈, 미스바의 각지를 순회하였다. 또한 우상예배를 경고하고 블레셋인의 공격시에 백성에게 회개를 구하고, 신에게 중재를 기도했기 때문에 블레셋군은 기적적으로 패배하였다(7). 백성들의 왕국의 요청에 양보하여 길갈에서 사울을 왕으로 하고 신의 율법에 대한 충실을 요구(8-12). 후에 사울이 아마레크인에 관해서 호렘(전멸)의 경고에 따르지 않았기 때문에 그를 폐위하고(15), 대신에 다윗을 왕으로 하였다(16).

(종교학 대사전(한국사전연구사 1998), 사무엘)

말씀의 꽃 · 나만의 일독 큐티

말씀의 열매 · 기도제목

3월

17

순종이 제사보다 낫다

일독 성경 사무엘상 15장 17-23절(사무엘상 13-16장 中)

말씀의 씨앗

씨앗말씀 · 오늘 내게 심어진 한 절 말씀

사울은 제사를 드리는 것이 승리하는 것이라고 생각하였습니다. 그러나 하나님이 받으시고자 하는 것은 예배자의 진실한 마음입니다. 사울이 스스로 작게 여길 때에 왕으로 세우셨습니다. 그러나 지금은 하나님이 원하시는 일을 행하지 않고 오히려 자신이 많이 탈취하고 좋은 것으로 하나님께 드리겠다고 합니다. 거기다가 하나님이 말씀하신대로 아말렉을 모두 진멸하지 않고 자신의 생각대로 살려두기까지 하였으니 이는 우상에게 절함과 다름이 없습니다. 이에 하나님이 사울왕을 버려 왕으로서의 권세를 잃고 왕위가 더 이상 계승되지 못하게 하였습니다.

비록 왕의 옷을 입고 왕의 지위를 가지고 있어도 하나님이 인정하지 않으시는 왕은 아무 소용이 없습니다. 우리에게 능력은 하나님의 임재하심입니다. 그것을 위해 하나님이 우리에게 원하시는 것은 오직 순종입니다. 제사가 잘못된 것이 아니라 하나님께 순종하는 제사가 필요합니다. 날마다 하나님을 향한 온전한 믿음으로 승리하기를 소망합니다.

말씀의 가지

형제들처럼 아버지 이새도 다윗을 부끄럽게 생각하고 있었다. 그는 다윗을 벌판에서 부르지도 않았다. 그러나 하나님은 다윗의 형제들을 차례로 배척하셨다. 마침내 사무엘은 이새에게 다른 아들이 있냐고 물었다(삼상 16:11). 사람의 눈으로 보기에 다윗은 왕으로 선택받을 가능성이 가장 적은 인물이었다.

그러나 하나님은 사무엘에게 사람의 외모 대신에 사람의 중심, 즉 내면의 마음을 보라고 가르치셨다. 양들이 한가롭게 풀을 뜯는 넓은 들판에 다윗이 핑계거리로 삼을 사람이 있을 리 없었다. 다윗의 유일한 친구는 하나님과 하나님의 말씀이었다.

(밥 얀디안, 다윗 섬김의 리더십(경영정신 2001), p.125)

말씀의 꽃 · 나만의 일독 큐티

말씀의 열매 · 기도제목

3월 **18**

진정한 승리

일독 성경 사무엘상 17장 41-49절(사무엘상 17-19장 中)

말씀의 씨앗

씨앗말씀 · 오늘 내게 심어진 한 절 말씀

이스라엘이 블레셋과 전쟁하는 중에 한 용사가 나타납니다. 블레셋의 골리앗입니다. 그는 거대한 체구와 힘으로 겨룰 자를 부르며 큰 소리를 냅니다. 골리앗의 위협 앞에 누구도 선뜻 나서지 못하고 있었습니다. 사울왕도 내보낼 자를 찾지 못했습니다. 그때 아버지의 심부름을 온 소년 다윗이 그 장면을 보게 됩니다. 그리고 사울에게 간청합니다. 자신이 나가겠다고. 처음에 안 된다고 하던 사울이 다른 방법이 없자 허락합니다. 소년이 죽으면서까지 하였다는 것을 동기로 삼으려는 의도가 보입니다. 골리앗이 전쟁에 나온 이유는 힘을 자랑하기 위해서가 아니라 바로 자신의 신의 명예를 걸고 나온 것입니다. 다윗도 그 말을 듣고 이야기합니다. 네가 모욕하는 그 하나님의 이름으로 너를 칠 것이다. 인생의 순간순간 돌아보면 표면적으로는 정치와 경제와 사회의 문제로 보이지만 대부분 영적 전쟁임을 경험하게 됩니다. 이 전쟁을 놓치고 밖에서 아무리 싸워봐야 소용이 없습니다. 다윗은 돌을 집어 물매에 넣고 조준하고 달리면서 던져 골리앗의 이마에 맞추어 쓰러뜨립니다. 준비가 되어 있었고 익숙하기까지 훈련되어 있었습니다. 우리는 모든 영적 전쟁에 임하는 것보다 훈련이 중요함을 깨달아야 합니다. 그리고 준비해야 합니다. 평소에 웃고 평소에 기도하고 평소에 찬양하여 믿음을 지키는 것이 결국 결정적인 순간에 빛을 나타내게 됩니다. 다윗 한 사람의 승리는 결국 이스라엘 전체의 승리로 이어집니다. 이것이 믿음의 용사의 역할입니다. 그리고 모든 백성이 전쟁의 승리에 따른 획득물을 취하러 갔을 때 다윗은 골리앗에게서 취한 갑옷을 집에 놓아 이 일을 기억하고 골리앗의 머리는 예루살렘으로 가지고 갑니다. 결국 이 모든 일을 행하신 분이 하나님이심을 인정합니다. 이것이 진정한 승리의 모습입니다.

말씀의 가지

다윗이 골리앗 앞에 설 수 있었던 자신감의 원천은 하나님이었다. 다윗은 전쟁의 승리가 칼과 창에 있지 않고 하나님께 있음을 보여 주리라는 것이 대답이었다. 지금 당신 앞에 서 있는 골리앗은 무엇인가? 오늘 우리는 인생의 성공과 행복이 칼과 창에 있지 않음을 세상에 보여 주어야 할 사명이 있지 않은가? 당신을 막고 있는 골리앗을 두려워하지 마라. 목동 다윗의 자신감은 하나님이 원천이었다. 불안해하지 마라. 하나님이 계신다. 조급하게 생각하지 말자. 하나님의 각본은 내가 성공하고 승리하는 것으로 결론이 나 있다.

(정영진, 인생의 큰 밑천(리더북스 2006), p.143)

말씀의 꽃 · 나만의 일독 큐티

말씀의 열매 · 기도제목

3월

19

요나단의 위대한 사랑

일독 성경 사무엘상 20장 35-42절(사무엘상 20-22장 中)

말씀의 씨앗

씨앗말씀 · 오늘 내게 심어진 한 절 말씀

요나단은 사울의 아들입니다. 이제 왕이 될 사람입니다. 그러나 다윗을 살려 주면 이후에 일을 알 수 없습니다. 그러나 다윗을 향한 하나님의 뜻을 알고 사랑하였기에 진실로 다윗을 대합니다. 요나단은 약속대로 화살을 쏘아 어린 종으로 가져오게 합니다. 화살이 앞에 있다고 말하면 그것은 도망가라는 사인입니다. 사울이 분노하며 다윗을 찾을 때에 요나단은 사울이 다윗을 찾는 이유가 죽이기 위해서라는 것을 알았기에 친구에게 도망가라고 이야기해 준 것입니다. 이것을 계기로 요나단에게서 다윗에게로 모든 왕의 권한이 넘어가는 전환점이 됩니다. 다윗을 살려 주면 자신이 위험한 것을 알면서도 결국 요나단은 그렇게 합니다. 이것이 요나단의 위대함입니다.

앞으로의 일을 하나님께 맡겨드리는 것입니다. 그것은 죽음으로 끝나는 것처럼 보이지만 결국 다윗을 세우시는 하나님의 위대한 섭리에 동참하게 됩니다. 그리고 자신의 아들을 끝까지 돌보는 다윗을 믿은 요나단은 진정한 친구를 소유하게 됩니다. 질투가 없는 믿음은 이 시대의 목마름을 채워 줄 귀한 사랑입니다. 믿음의 귀한 동역자들과 함께 하나님의 일을 잘 감당하기를 소망합니다.

말씀의 가지

어둠을 만날 때 본능은 스스로 행동을 취한다. 사무엘상 22장에서 다윗은 아둘람의 동굴로 피한다. 그 동굴은 예루살렘 남서쪽으로 약 24km 떨어진 곳에 있었다. 이 본문에는 하나님의 방식이 아닌 우리의 방식으로 일하고 싶은 유혹이 닥쳐올 때 기억해야 하는 세 가지 원리가 등장한다. 첫째, 내가 내린 결정은 다른 사람에게 영향을 준다. 둘째, 내 본을 따르는 사람이 존재한다. 셋째, 내 행동에 대한 하나님의 뜻이 있다. 두려움, 비통, 절망이 밀려오는 순간에도 꿈을 붙들고 하나님의 뜻을 향해 깨어 있기는 쉽지 않다. 그러나 어려움이 닥쳤을 때 잘못된 결정을 내리게 된다면 하나님의 축복을 놓치게 된다. 하나님은 우리가 동굴 안에서든 밖에서든 견고한 성품을 가진 사람, 즉 시련과 낙담보다 하나님이 더 크시다는 사실에 대한 부인할 수 없는 증거를 보여 주는 용사가 되기 원하시는 것이다.

(짐 그라프, 교회는 다니지만 왜 사는지 모른다면(21세기북스 2007), p.66)

말씀의 꽃 · 나만의 일독 큐티

말씀의 열매 · 기도제목

3월 **20**

응답과 고난

일독 성경 사무엘상 23장 1-14절(사무엘상 23-25장 中)

말씀의 씨앗

씨앗말씀 · 오늘 내게 심어진 한 절 말씀

사울에게 쫓기고 있는 다윗은 한 소식을 듣습니다. 그일라 백성이 블레셋에게 어려움을 당하니 도와달라는 부탁입니다. 다윗은 사울에 맞서는 것만으로도 힘겨운 상황에 남을 도울 처지가 아닙니다. 그러나 그냥 거절하지 않았습니다. 하나님께 기도하였습니다. 그때 하나님은 도우라고 하십니다. 다윗은 말씀대로 나가려 합니다. 그러나 이번에는 군사들이 부담스러워합니다. 다윗은 다시 기도하였습니다. 이것이 다윗의 위대함입니다. 끊임없이 하나님을 붙잡습니다. 하나님은 나가라 말씀하십니다. 말씀대로 나아갔을 때에 블레셋을 이기고 그일라를 구원합니다. 그러나 사건은 여기서부터입니다. 그일라가 다윗을 사울에게 밀고하여 어려움을 당합니다.

하나님이 응답하신 자리에 서 있습니다. 그리고 내가 도와준 사람이 있습니다.

그러나 바로 그곳에서 배반을 당한 것입니다. 다윗은 다시 묻습니다. 제가 공격을 당하겠습니까? 하나님은 공격당할 것을 말씀해 주십니다. 그때 다윗은 급히 피하였습니다. 계속 쫓아오는 사울을 피하여 광야에서 힘겨운 시간을 보냅니다.

하나님께 기도하고 이긴 그 자리에서 어려움을 겪을 때 우리는 갈등하게 됩니다. 그러나 다윗을 보며 용기를 얻습니다. 믿음의 사람에게 고난은 과정일 뿐입니다. 진정한 축복은 고난이 없는 것이 아니라 그것을 이기는 것입니다. 배반을 당하고 도망자의 삶을 살면서도 시편을 지을 수 있었던 다윗의 마음을 하나님께서 기뻐하신 것입니다.

말씀의 가지

그일라 [Keilah]

'요새'란 뜻. 헤브론 북서쪽 13㎞ 지점, 세펠라 평원에 있던 전략 요충지(수 15:44). 다윗의 피난 시절에 블레셋의 잦은 침공을 받았으나 다윗에 의해 회복되어 한동안 다윗의 은신처가 되기도 하였다(삼상 23:1-13). 바벨론 포로 귀환 후 예루살렘 성벽 재건 때는 이곳 주민들도 참여하였다(느 3:17-18).

(라이프성경사전 (생명의말씀사 2006), 그일라)

말씀의 꽃 · 나만의 일독 큐티

더 생각해 보기

1. 문제에 직면할 때 다윗이 한 일은 무엇인가?(1-2절, 10-11절)
2. 문제에 직면할 때 신하들이 한 행동은 무엇인가?(3절)
3. 문제에 직면할 때 사울이 범한 잘못은 무엇인가?(7-8절)
4. 나는 문제에 직면할 때 어떻게 행동하고 있는가?

3월

21

앞서 가지 않는 믿음

일독 성경 사무엘상 26장 6-20절(사무엘상 26-28장 中)

말씀의 씨앗

씨앗말씀 · 오늘 내게 심어진 한 절 말씀

다윗이 용사들을 데리고 사울의 진으로 들어갑니다. 사울은 자고 있었고 그의 용사들도 잠들어 있었습니다. 아비새가 다윗에게 절호의 기회이니 사울을 죽이자고 합니다. 그러나 다윗은 이야기합니다. 내 어찌 기름 부음 받은 하나님의 종을 내 손으로 죽이겠느냐? 이것은 하나님께서 하실 일이다. 다윗은 하나님을 앞서 가지 않았습니다. 공을 세우고 자신의 위험을 넘어서는 것보다 그 일의 주인이 하나님이심을 증거합니다. 사울을 깊이 잠들게 하신 분도 하나님이시요, 다윗을 보호하신 분도 하나님이십니다. 이것이 믿음입니다. 이것이 섭리입니다. 깨어난 사울은 다윗이 왔다간 사실과 자신을 살려준 사실을 알게 됩니다. 다윗은 먼저 사울의 장관 아브넬에게 이야기합니다. 너는 왕을 지킬 본분을 감당하지 못했다. 사울에게도 이야기합니다. 어찌 왕의 일을 하지 않고 벼룩을 쫓아다니십니까?
다윗은 자신의 진실을 이야기하였습니다. 이 순간만큼은 사울도 자신의 어리석음을 깨닫게 됩니다. 하나님의 일은 순종입니다. 다윗은 자신의 감정이나 욕심을 앞세우지 않았습니다. 우리의 인생의 깊이는 내가 자랑할 성과가 많아지는 것이 아니라 하나님께 인정받을 수 있는 기회를 분별하여 나가는 것입니다. 날마다 믿음으로 승리하기를 소망합니다.

말씀의 가지

사무엘상 27장에서 다윗은 당장 기분이 좋을지는 몰라도 결코 하나님의 뜻이 아닌 결정을 내린다. 결과적으로 16개월 동안 그는 하나님의 계획과 자신이 추구했던 이상으로부터 분리되었다. 몇 년간의 극심한 고난을 겪고 난 뒤였기 때문에 다윗에게는 하나님이 허락하신 약속보다는 당면한 문제가 더 실제적인 것으로 보였을 것이다. (중략) 지속적인 고난에 지쳐 버린 사람들은 종종 고난의 한가운데서 더 이상 버티지 못하고 그 자리를 벗어나 버린다. 이것이 바로 하나님으로부터 이탈하는 한 방법이다. 마음의 근본적인 문제들로 인해 우리는 계속해서 무너져 간다. 계속되어 피폐해지면 우리의 필요만 눈에 보이기 때문에 하나님께 순종하는 일에 소홀해진다.

(짐 그라프, 교회는 다니지만 왜 사는지 모른다면 (21세기북스 2007), pp101–102)

말씀의 꽃 · 나만의 일독 큐티

말씀의 열매 · 기도제목

3월

22

품고 가는 믿음

일독 성경 사무엘상 30장 7-20절(사무엘상 29-31장 中)

말씀의 씨앗

씨앗말씀 · 오늘 내게 심어진 한 절 말씀

다윗이 블레셋에 몸을 피해 있습니다. 블레셋 왕이 싸움을 나가려 하자 다윗은 가장 가까운 곳에서 참여하려 합니다. 그러자 블레셋 사람들이 그것에 대하여 왕에게 불평을 합니다. 블레셋의 왕은 우리에게 해를 끼친 일이 없음에도 왜 그러냐고 말하지만 결국 상황을 설명하며 다윗의 참여를 만류합니다. 다시 성으로 발걸음을 되돌린 다윗은 깜짝 놀라게 됩니다. 성을 떠난 사이에 아말렉 군사들이 쳐들어와서 부인과 자식과 재산을 모두 약탈했습니다. 이제는 도저히 견딜 수 없을 정도로 낙담하게 됩니다. 그때 여호와께 예복을 입고 경건하게 다시 기도합니다. 하나님 제가 이 상황을 이겨낼 수 있을까요. 하나님께서는 응답하십니다. 그래 네가 쫓아가서 다시 찾아올 수 있다. 용기를 낸 다윗은 피곤한 군사는 머물게 하고 군대를 정비하여 다시 승리를 거두고 모든 재산과 부인과 자식을 모두 되찾습니다. 전쟁에 나가지 않았던 사람들이 다윗을 반갑게 맞이하자 함께 전쟁에 참여했던 악한 사람과 비주류의 사람들이 말합니다. 저들에게는 부인과 자식만 돌려주고 재산은 돌려주지 맙시다. 그러나 다윗은 돌려주고 또 재물을 나눕니다. 내것을 찾아오는 것이 회복이 아니라 그것을 나누는 것이 회복입니다. 그것이 예수님이 보여 주신 능력입니다. 십자가에 달려 죽으시기까지 사랑하시고 또 사랑하신 예수님의 인내와 사랑입니다. 나눔에 인색하지 않고 미워하지 않고 사랑으로 승리하는 하루가 되기를 소망합니다.

말씀의 가지

아말렉은 구약에 나오는 고대 민족으로 현 이스라엘 남쪽 주변 국가들에 살았다. 이 민족 역시 이스라엘 민족을 오랫동안 괴롭힌 것으로 알려져 있다. 아말렉의 시조는 아브라함의 손자이자 이삭의 아들 야곱의 형으로 죽 한 그릇으로 장자의 권리를 팔았던 에서이다. 처음에는 형제처럼 지냈으나 야곱과 형제들, 이스라엘 백성들이 요셉을 따라 이집트로 가고 아말렉인들은 가나안 남쪽 지방에 살기 시작했다. 이후 모세가 이끄는 이스라엘 민족이 가나안에 들어갈 때 이를 방해하면서 적대 관계가 되었고 르비딤 전투에서 패했다가 후에 가나안으로 쳐들어오는 이스라엘군을 가나안인들과 함께 연합해 무찔렀다. 판관기 시기 이스라엘을 침공해 잠시 다스리기도 했다. 하지만 연합 이스라엘 왕국이 설립되고 왕 사울이 21만 대군을 이끌고 아말렉을 공격해 아말렉의 왕 아각을 처형하고 아말렉인들은 이집트로 내쫓았다. 그리고 계속 가나안 남쪽 지방에 남아 있던 아말렉의 잔당들은 시글락 전투에서 다윗에 의해 모두 토벌당했다. 그 이후 사무엘에게 멸망의 저주를 받아 유다 왕국의 히스기야 시대에 전멸했다.

(위키백과, https://ko.wikipedia.org/wiki/아말렉)

말씀의 꽃 · 나만의 일독 큐티

말씀의 열매 · 기도제목

3월

23

사울의 죽음

일독 성경 사무엘하 1장 1-15절(사무엘하 1-2장 中)

말씀의 씨앗

씨앗말씀 · 오늘 내게 심어진 한 절 말씀

블레셋 사람들이 결국 이스라엘을 치게 됩니다. 이스라엘은 블레셋 사람들을 피해서 도망하지만 길보아 산에서 엎드러져 죽게 됩니다. 이스라엘의 왕 사울도 예외는 아니었습니다. 길보아 전투에서 패한 사울은 도망가던 중 블레셋의 한 군사가 쏜 화살을 맞고 중상을 입게 됩니다. 그는 자신이 그곳에서 살아남지 못할 것이라는 것을 알고 고통 중에서 적군에게 사로잡혀 치욕을 당하는 것을 염려하였습니다.

결국 그는 스스로 죽음을 선택합니다. 하나님의 길에서 떠났던 사울의 마지막을 통해 우리는 심판자이신 하나님의 공의와 주권을 보게 됩니다. 그의 교만과 불순종이 결국 그의 머리로 돌아가게 됩니다. 그의 죽음을 바라보는 시선은 두 가지로 나뉘게 됩니다. 하나는 아말렉 청년입니다. 그는 사울의 죽음을 이용하려 했습니다. 새로운 왕이 될 다윗에게 가서 그것을 보고하고 상을 받으려고 다윗에게 보고하였습니다.

그러나 또 다른 시선을 가진 다윗은 사울의 죽음을 듣자 자신의 옷을 찢고 슬퍼하며 울며 금식을 합니다. 사울은 자신을 죽이려 한 적이었습니다. 그러나 다윗은 사람을 보는 자가 아니라 하나님의 계획을 바라보는 자였습니다. 하나님을 경외하는 자였습니다. 비록 그를 죽이려 한 사람이었어도 하나님께서 기름 부으신 자였기에 하나님의 주권에 순종하였던 것입니다. 그렇게 철저하게 하나님의 주권에 순종함으로 십자가를 지신 분이 바로 예수 그리스도이십니다. 하나님께선 예수님을 죽음 가운데 내버려 두신 것이 아니라 삼 일 만에 다시 살리사 자신의 계획을 이루셨습니다. 하나님의 주권에 순종하면 모든 것을 감찰하시는 하나님께서 기억하시고 지키십니다. 그리고 자신의 계획을 그 순종을 통해 이루십니다. 매일 순종함으로 하나님의 은혜를 경험하게 되길 소망합니다.

말씀의 가지

사울

이스라엘 민족의 초대 왕(재위 BC 1020-BC 1010). 베냐민족 키시의 아들로서 키가 크고 미남이었다. 블레셋(펠라시테)인들에게 시달리던 이스라엘 민족이 독립을 위하여 왕을 필요로 한 때 예언자 사무엘에 의해서 추대되어 왕위에 올랐다. 암몬인을 격퇴, 민중의 요망에 부응하였으나 블레셋인의 공격을 받아 아들 요나단과 함께 길보아산에서 전사하였다. 재임 기간 중 블레셋인과의 전쟁에서 수많은 무훈을 세운 부하 장수 다윗을 시기하였으나 결국 다윗에게 왕위가 계승되었다.

(두산백과, http://www.doopedia.co.kr)

말씀의 꽃 · 나만의 일독 큐티

말씀의 열매 · 기도제목

3월 24

두 왕의 차이

일독 성경 사무엘하 3장 6-16절(사무엘하 3-4장 中)

말씀의 씨앗

씨앗말씀 · 오늘 내게 심어진 한 절 말씀

사울이 죽었습니다. 그리고 다윗이 유다의 왕으로 힘을 더해 갑니다. 이스라엘은 장관 아브넬이 사울의 아들 이스보셋을 세워 나라를 유지합니다. 아브넬이 교만해지고 자신의 힘이 막강함을 인식하였습니다. 급기야 아브넬이 사울의 아내였던 리스바를 취하게 됩니다. 이스보셋은 아브넬에게 이것은 잘못라고 지적하였습니다. 왕이 부하에게 잘못을 지적하고 시정을 요구하는 것은 당연한 일입니다. 그러나 아브넬은 이미 자신이 왕보다 더 마음이 높아졌기 때문에 이 이야기가 깨달음이 되기 보다는 분노가 됩니다. 그래서 어제까지 적이었던 다윗에게 화친을 요청합니다. 다윗은 사울이 자신에게 주었던 딸 미갈을 요구합니다. 아브넬은 다시 계략을 세워 이미 발디엘과 결혼한 미갈을 다윗에게 보냅니다. 이스보셋도 왕이고 다윗도 왕이지만 차이가 무엇입니까? 하나님으로 인하여 세워졌는가 사람이 선택하여 세웠는가입니다. 하나님이 선택하신 왕이 강성해지고 이기는 것은 당연한 일입니다.

우리의 계획과 명분이 아무리 뚜렷하다고 해도 하나님의 뜻인지를 분별하는 것이 가장 중요합니다. 그리고 리더를 따르되 충성과 헌신으로 하십시오. 변하는 마음은 리더를 더 괴롭히는 것입니다. 리더로서 세움을 받으면 철저하게 하나님을 의지하십시오. 말씀 외에는 길이 없음을 고백하게 될 것입니다. 오늘 말씀을 통해 교만이 아닌 겸손과 충성과 믿음으로 승리하시길 바랍니다.

말씀의 가지

아브넬은 연합 이스라엘 왕국의 장군으로 사울 왕과 이스보셋 왕 때 활약했다. 아브넬은 언제 태어났는지 모르지만 네르의 아들이며 사울 군대의 장수로 다윗이 골리앗을 쓰러뜨리자 이를 사울에게 보고할 때 처음 나타난다. 사울이 다윗을 죽이러 기브아로 갈 때에도 따라 나섰는데 오히려 다윗은 아브넬을 꾸짖었다. 이후 사울이 블레셋 족들과 싸우다 죽자 남은 사울의 아들 이스보셋을 데리고 마하나임으로 건너가 거기에서 이스보셋을 길앗과 앗수르족, 이스르엘, 에브라임, 베냐민, 온 이스라엘의 임금으로 세우고 권력을 장악했다. 그리고 다윗을 치기 위해 기브온 전투를 벌였으나 크게 패했고 이 과정에서 다윗의 휘하 장수 요압의 동생 아사헬을 죽였다. 사울 집안과 다윗 집안의 내전이 계속되는 동안 아브넬이 사울의 후궁이자 아야의 딸이던 리스바를 범하는 사건이 일어나자 이스보셋은 크게 화를 냈고 이를 빌미로 아브넬은 이스보셋을 배반하고 다윗에게로 망명했다. 다윗은 아브넬을 후하게 대접해 주었으나 아브넬이 기브온 전투에서 동생 아사헬을 죽인 것에 불만을 품고 있던 다윗의 장수 요압에 의해 헤브론에서 살해당했다.

(위키백과, https://ko.wikipedia.org/wiki/아브넬)

말씀의 꽃 · 나만의 일독 큐티

말씀의 열매 · 기도제목

3월
25

하나님과의 대화

일독 성경 사무엘하 7장 18-29절(사무엘하 5-8장 中)

말씀의 씨앗

씨앗말씀 · 오늘 내게 심어진 한 절 말씀

다윗이 하나님께 기도합니다. 내가 무엇이며 누구이기에 이렇게 사랑하십니까? 다윗은 아버지 같은 사울에게 쫓겨 다녔습니다. 들에서 마치 짐승처럼 피해서 다녔습니다. 아내를 빼앗기기까지 하였습니다. 그러나 그의 고백은 감사입니다. 그리고 하나님에 대한 한결같은 믿음입니다. 하나님 아시죠? 다윗은 하나님을 신뢰하고 믿었습니다. 굳이 말하지 않아도 하나님은 다윗을 알고 또한 다윗은 하나님을 압니다. 이것이 대화입니다. 하나님과 마음으로 영혼으로 소통하는 것입니다. 사람의 위대함은 하나님과 영적인 대화를 하는 유일한 존재라는 것입니다.

다윗은 성전 건축을 거절당했음에도 불구하고 앞으로 자손을 통해 건축될 성전을 마치 자신이 짓는 것처럼 감사합니다. 이것은 참으로 어려운 일입니다. 다윗이 하나님의 사랑을 받을 수밖에 없는 모습니다. 때로 응답이 더디고 내게 허락되지 않아도 감사할 수 있는 믿음이 다윗의 기도의 비밀입니다. 온 우주를 품고 기도하였습니다. 그러하기에 완전하신 하나님을 표현하고 감사하고 쓰임 받습니다. 그리고 다윗의 자손을 통하여 온 인류를 구원하신 예수 그리스도께서 나오십니다. 진정한 기도는 내 것이 아닌 하나님 안에 있습니다. 믿음으로 기도하되 끝까지 승리하시기를 소망합니다.

말씀의 가지

다윗 성 [City of David]
해발 750m의 예루살렘 고원 지대에 세워진 다윗의 도성. 원래 이곳은 여부스 족속의 땅으로 여호수아 시대에도 이스라엘에 정복되지 않은 곳이다. 그후 다윗은 이스라엘 왕위에 오른 뒤 아무도 정복하지 못한 여부스 성읍의 수로로 침투하여 성을 정복하는 데 성공하였다(삼하 5:8). 이 성은 예루살렘을 북동에서 남서로 가르는 계곡(튀로포에온, Tyropoeon)과 예루살렘 동남편 기드론 골짜기 사이의 언덕(오벨 언덕, Ophel)에 위치했는데, 여기서 다윗은 동쪽의 계단식 언덕(밀로, Millo) 지역을 흙으로 채워 성곽을 더 확장시켰다(삼하 5:9). 그리하여 동, 서, 남 삼면이 깊이 40–50여m의 깊은 계곡으로 둘러싸인 가운데 높은 언덕에 예루살렘 성곽이 세워지게 되었으며, 이때 성곽의 크기는 남북이 대략 375m, 동서가 120m 정도 되었고 2,000여 명의 주민이 거주했다고 한다.

(라이프성경사전 (생명의말씀사 2006), 다윗 성)

말씀의 꽃 · 나만의 일독 큐티

말씀의 열매 · 기도제목

3월 **26**

믿음의 유산

일독 성경 사무엘하 9장 5-13절(사무엘하 9-12장 中)

말씀의 씨앗

씨앗말씀 · 오늘 내게 심어진 한 절 말씀

다윗은 전쟁에 승리한 자리에서 자신만을 생각하지 않았습니다. 이렇게 자신이 살아서 이겨나가는 과정 중에 자신을 위하여 의리를 지켜준 요나단을 기억하였습니다. 다윗은 요나단의 가족 중 남은 자를 찾습니다. 므비보셋은 요나단의 아들로 피난 중에 다쳐서 다리를 절었습니다. 다윗은 므비보셋이 남아 있음을 듣고 그를 불러옵니다. 그리고 사울의 종이었던 시바와 그 가족을 종으로 줍니다. 그리고 자신의 상에서 매일 아침 함께 식사를 하게 합니다. 므비보셋이 감사함으로 이야기합니다. 제가 무엇이관대 이런 은혜를 주십니까? 권세를 지닌 자와 같이 종을 다루게 할 뿐만 아니라 왕자들과 같이 왕의 식탁에 동참할 수 있는 것이 너무나 큰 일이었기 때문입니다. 이것이 가능한 이유는 바로 아버지 요나단의 믿음입니다.

요나단은 자신이 왕이 되는 것이 아닌 다윗이 왕이 된다는 하나님의 섭리를 인정한 사람입니다. 그래서 아무것도 없이 멸망당하지 않고 자신의 자식에게 이러한 축복을 남겨줄 수 있었습니다. 므비보셋이 다리를 절었음에도 불구하고 세상에 나가면 아무 일도 할 수 없음에도 불구하고 하나님이 높여주신 것은 부모의 믿음으로 말미암은 가장 선한 믿음의 유산입니다. 우리에게 허락된 가장 큰 은혜와 사랑이 하나님 안에서 넘치기를 소망합니다.

말씀의 가지

기만하는 리더는 리더로서 자격이 없다. 차라리 실수하는 리더가 낫다. 다윗은 밧세바와 간음을 하고 우리아를 죽음에 몰아넣은 직후 시편 51편을 썼다(삼하 11장). 나단이 그의 죄를 지적했을 때(삼하 12장), 왕은 공개적으로 하나님과 관계를 회복하기 위해 노력했다. 그래서 하나님은 그가 죽을 때까지 왕위를 지키게 하셨다. 실패한 후 참회하지 않는 리더 혹은 남들에게 보여 주기 위해 참회하는 척하는 리더는 그 지위를 잃는 경우가 많다. 역사는 사람들이 대체로 자신의 잘못을 인정하는 리더는 용서하지만, 참회하지 않는 리더는 용서하지 않는다는 것을 가르쳐 준다.

(존 맥스웰, 큐티 리더십 (중앙북스 2008), p.224)

말씀의 꽃 · 나만의 일독 큐티

말씀의 열매 · 기도제목

3월

27 아름다운 동행

일독 성경 사무엘하 15장 13–23절(사무엘하 13–15장 中)

말씀의 씨앗

씨앗말씀 · 오늘 내게 심어진 한 절 말씀

압살롬이 반란을 일으켜 다윗을 치러 예루살렘으로 옵니다. 다윗은 채 정비하기도 전에 급히 도망하는 신세가 되었습니다. 아들의 배반은 전쟁에 계산하지 않았기 때문입니다. 우리는 채 준비하기 전에 공격이 들어와 어쩔 수 없이 도망해야 하는 경우가 있습니다. 아무것도 가지고 갈 수 없을 때에 모든 것을 남기고 나가야 할 때 참으로 아픔을 느끼게 됩니다.

그러나 이러한 상황에서도 다윗이 다시 모든 것을 회복할 수 있었던 것은 별과 같은 동역자들이 있었기 때문입니다. 다윗과 함께한 육백 명은 평화 시기에는 드러나지 않다가 다시 위기가 되면 나타납니다. 진정한 동료는 위기 속에서 별과 같이 그 빛을 발합니다. 이방인이었던 잇대는 이제서야 정착하여 살만한 시기가 왔습니다. 그러나 다윗이 남으라고 했음에도 불구하고 자신도 함께 갈 것을 말합니다. 그러자 다윗은 잇대를 맨 앞에 세웁니다. 일을 맡기는 것은 믿을 만한 사람이기 때문입니다. 그것도 선두를 맡기는 것은 유능한 사람입니다.

하나님이 우리에게 사명을 주시고 감당하게 하실 때는 우리가 하나님을 온전히 믿고 나아갈 때입니다. 그리고 하나님이 우리를 사랑하시는 증거입니다. 다윗과 함께한 동역자들과 같이 마음을 하나로 하고 충성과 헌신하는 삶이 되기를 소망합니다.

말씀의 가지

나단 [Nathan]

기원전 10세기 전반에 활동한 이스라엘의 예언자. 다윗이 예루살렘으로 천도한 후에 궁정에 등장. 『사무엘하』 7장은 나단이 다윗에게 예언해서, 하나님이 다윗과 그 자손을 선택하고 이스라엘에서의 다윗가의 지배의 영속을 약속했다는 것을 고한다. 이 신은 약속은 예루살렘의 선택을 더해서 〈다윗계약〉이라고 하며, 후대에 다윗가의 자손에서 메시아가 출현한다는 유대교 메시아 사상의 원천이 되었다. 그러나 다윗이 자신의 가신 우리야의 아내 밧세바와 밀통하고 그 악행을 숨기기 위해서 우리야를 살해시키자 나단은 여호와의 이름으로 다윗을 심하게 질책하고, 다윗가에 불행한 싸움이 끊이지 않을 것을 예언했다. 사실 다윗의 왕자들은 왕위계승투쟁과 반란을 일으켜서 차례차례 살해되었다. 마지막으로 솔로몬의 양육을 담당하였던 나단은 늙은 다윗을 설득해서 솔로몬의 왕위계승을 결정시켰다.

(종교학대사전 (한국사전연구사 1998), 나단)

말씀의 꽃 · 나만의 일독 큐티

더 생각해 보기

1. 왕의 연약한 모습에도 신하들이 순종할 수 있었던 이유는?(14-15절)
2. 잇대가 다윗을 따르겠다고 말한 이유는 무엇일까?(19-21절)
3. 자신을 믿고 따라주는 사람들을 보는 다윗의 심정은 어떠했을까?
4. 나는 나의 동역자들을 어떻게 대하고 있는가?

3월

28

내부의 적

일독 성경 사무엘하 17장 1–14절(사무엘하 16–18장 中)

말씀의 씨앗

씨앗말씀 · 오늘 내게 심어진 한 절 말씀

압살롬은 아히도벨의 지혜를 빌어 성을 차지하였습니다. 아히도벨은 뛰어난 책략가였습니다. 아히도벨이 이제 이야기합니다. 일만 이천을 택하여 다윗을 쫓으면 우리는 완전한 승리를 하게 됩니다. 압살롬과 장로들이 옳게 여겼습니다. 그러나 압살롬이 다시 후새를 불러 한 번 더 묻게 됩니나. 후새는 다윗의 책략가였습니다. 다윗의 승리에 대한 야망이 압살롬에게 보입니다. 후새는 이야기합니다. 아히도벨의 책략은 선하지 않습니다. 다윗은 뛰어난 용사라 일만 이천으로는 어림없습니다. 몇 명이라도 죽으면 압살롬의 군사가 패했다고 사기가 줄어들테니 괜히 손해 볼 필요 없습니다. 일단 군사를 많이 모아서 가면 되지 않겠습니까? 이것은 후새가 다윗을 돕기 위하여 아히도벨의 좋은 계획을 반대로 이야기한 것입니다. 압살롬은 후새의 것을 택하여 다윗을 쫓지 않습니다. 이 사건 바로 전에 다윗에게 한 사건이 일어납니다. 바로 시므이가 다윗을 저주하는 장면입니다. 부하들이 시므이를 죽일지를 묻자 다윗이 이야기합니다. 내버려 두어라. 하나님이 하실 것이다. 시므이가 심한 말로 저주하였으나 하나님은 다윗 편이셨습니다.

세상의 기준이 아닌 하나님의 기준이 승리합니다. 결국 후새는 이 일을 다윗에게 고하고 피합니다. 아히도벨은 계략으로 다윗을 쫓지만 결국 실패하고 집으로 돌아와 스스로 목숨을 끊습니다. 하나님의 도움이 없이 승리는 불가능합니다. 사람이 하는 것 같지만 하나님이 행하십니다.

말씀의 가지

압살롬 [Absalom]

'평화의 아버지'라는 뜻. 다윗과 마아가(그술 왕 달매의 딸) 사이에서 태어난 다윗의 셋째 아들로 헤브론에서 출생했다(삼하 3:3; 대상 4:2). 그는 용모가 출중하고 어느 한 곳 흠잡을 데 없어 외모에 관한 한 타의 추종을 불허할 정도였다(삼하 14:25). 일명 '아비살롬'(왕상 15:2, 10). 이복 형 암논이 압살롬의 친누이 다말을 겁탈했을 때(삼하 13:1-19), 다윗은 분노만 했지 특별한 조치를 취하지 않았다(삼하 13:21). 이에 압살롬은 2년간 마음속으로 증오해 오다가 마침내 암논을 살해하고(삼하 13:22-29), 외조부 그술 왕 달매에게로 피신하여 3년 동안 도망자 신세가 된다(삼하 13:37-39). 요압의 중재로 부친 다윗과 화해했지만(삼하 14:28, 33), 끝내 반역하여 예루살렘 성을 차지하게 된다(삼하 15:1-12).

(라이프성경사전 (생명의말씀사 2006), 압살롬)

말씀의 꽃 · 나만의 일독 큐티

말씀의 열매 · 기도제목

3월

29 가시의 의미

일독 성경 사무엘하 19장 1-8절(사무엘하 19-20장 中)

말씀의 씨앗

씨앗말씀 · 오늘 내게 심어진 한 절 말씀

다윗은 다시 내란을 잠재웠습니다. 하나님의 은혜로 왕의 권위와 성을 다 찾습니다. 그러나 다윗이 전쟁 전에 부탁한 것이 있습니다. 비록 반란을 일으켰지만 압살롬을 살려서 데려오라는 것입니다. 그러나 장관 요압은 살려줄 수 있는 상황에서도 압살롬을 죽였습니다. 다윗은 전쟁에는 이겼으나 그 슬픔을 이기지 못하고 울고 있습니다. 그런 다윗에게 요압은 다시 말합니다. 차라리 우리가 죽고 압살롬이 살면 좋았을 것입니다. 당신을 위하여 충성한 모든 백성이 부끄럽습니다. 압살롬을 죽이고 슬픔을 준 요압이 오히려 다윗을 책망합니다. 다윗은 요압의 말대로 슬픔에도 불구하고 다시 백성 앞에 섭니다. 가장 유능한 장군이었던 요압이기에 죽을 때까지 곁에서 함께하지만 요압은 다윗을 가장 아프게 하는 가시였습니다. 다윗의 눈은 오직 하나님만을 보았기에 품고 갈 수 있었습니다. 아들의 죽음 앞에서 과연 왕이 무슨 소용이 있습니까? 왕이기에 아들을 죽여야 한다면 누가 왕을 하겠습니까? 그러나 하나님이 주신 사명이기에 감당합니다. 요압도 품고 갑니다. 그러나 다윗이 죽는 날 솔로몬에게 유언을 할 때에는 요압을 반드시 내리라고 말합니다. 다윗은 이미 알고 있었지만 사명 때문에 참았던 것입니다. 삶 속에 요압과도 같이 내게 도움을 주지만 아프게 하는 가시가 있습니다. 이것은 하나님의 일을 이루시기 위한 내게 주신 사명입니다. 피하는 인생이 아니라 하나님 뜻대로 순종하여 승리하는 삶이 되시기를 소망합니다.

말씀의 가지

므비보셋은 물질적인 것에 아무런 관심을 갖지 않았다. 삶에서 진정으로 중요한 것, 즉 하나님과 다윗과의 관계에 혼신의 정열을 쏟았다. 므비보셋은 시바에게 땅 전체를 기꺼이 양보하려 했다(삼하 19:30). (중략) 사울이 치명적인 패배를 당하고 세상을 떠났을 때 므비보셋은 빈손이었다. 다윗은 왕이 되었을 때, 그를 죽일 수도 있었지만 정중히 대해줬다. 므비보셋에게 선조의 땅을 되돌려줬고, 시바와 그 하인들에겐 일자리와 적잖은 은혜를 베풀어줬다. 17년 동안 므비보셋은 다윗과 하나님의 자비로움에 감사하면서 살았다. 반면 시바는 점점 간악하고 패덕한 사람으로 변해갔다. 그는 평범한 진리를 망각하고 있었다. 그러나 신체적인 장애에도 불구하고 므비보셋은 행복할 수 있었고 자신감을 되찾아갔다. 므비보셋의 행복은 하나님을 향한 믿음과 하나님 말씀의 진리를 깨닫는 것에 있었다.

(밥 얀디안, 다윗 섬김의 리더십 (경영정신 2001), pp.42-43)

말씀의 꽃 · 나만의 일독 큐티

말씀의 열매 · 기도제목

3월 **30**

사랑의 범위

일독 성경 사무엘하 21장 1-6절(사무엘하 21-22장 中)

말씀의 씨앗

씨앗말씀 · 오늘 내게 심어진 한 절 말씀

땅에 기근이 들었습니다. 고난이 찾아올 때 다윗은 어김없이 기도합니다. 이것이 다윗을 마음에 합한 왕으로 평가하신 이유입니다. 기근의 이유는 기브온 사람에 대한 협의였습니다. 여호수아 9장에 보면 기브온 사람에게 속아 기브온 족속을 살려줄 것을 약속합니다. 그래서 낭시 선쟁에서 기브온 사람들은 공격하지 못하였습니다. 그러나 사울은 영토 확장의 일환으로 약속을 무시한 채 공격을 하고 맙니다. 다윗은 하나님 말씀대로 기브온 사람들에게 용서를 구하고 요구하는 것을 들어주게 됩니다. 용서와 화해는 시간이 흘러도 지켜내는 데 있습니다.

당장에 오해가 있고 때로는 실수가 있더라도 다시 서로를 품어줄 때에 가능합니다. 그러나 성경에서 사울의 자손을 죽여서 그 원수를 갚는 것은 사람의 힘으로는 해석하기가 참으로 어렵습니다. 죄에 대하여 회개하면 용서받는 것이지 죄가 없다고 없어지는 것도 모른다고 사라지는 것이 아닙니다. 그러나 그 가운데서도 요나단의 자손을 지키겠다는 약속을 지키는 다윗의 모습은 또 다른 신실함을 보여 줍니다.

성경의 말씀을 통하여 우리의 연약함과 또한 하나님의 신실하심을 고백하게 됩니다. 날마다 은혜의 말씀 속에서 승리하는 삶이 되기를 소망합니다.

말씀의 가지

사무엘하 21장에는 사탄이 다윗을 충동하여 인구조사를 하게 했다는 내용이 나온다. 인구조사는 '내 말의 발 힘줄이 얼마나 강한가'를 재는 행위이다. 하나님의 능력에 의지하기보다 자기 말의 발 힘줄의 강도를 확인하고 그것을 사용해 나라를 다스리려고 하는 순간이다. 이것은 교묘하게 정곡을 찌르는 사탄의 유혹이다. 다윗은 그 대가를 지불한다. (중략) 커다란 대가를 치르면서 다윗의 영이 회복되기 시작한다. 그와 더불어 하나님이 마음을 돌이키신다. 하나님은 징계받는 자가 하나님 앞에 다시 온전하게 서기를 학수고대하고 계신다. 그래서 그런 모습이 보이자 하나님은 회복의 길을 열어 주신 것이다.

(송준석, 떡 굽는 사람 맛디다 (도마의길 2008), p.87)

말씀의 꽃 · 나만의 일독 큐티

말씀의 열매 · 기도제목

3월

31

진정한 예배자

일독 성경 사무엘하 24장 18-25절(사무엘하 23-24장 中)

말씀의 씨앗

씨앗말씀 · 오늘 내게 심어진 한 절 말씀

갓을 통하여 다윗에게 아라우나의 타작마당에서 여호와 앞에 제단을 쌓을 것을 듣습니다. 인구를 조사하여 자신의 세력을 확인하려던 다윗의 죄로 인하여 백성들이 큰 어려움을 겪게 되었습니다. 이를 사함 받기 위하여 하나님께 제단을 쌓는 것입니다. 아라우나의 집에 도착하였습니다. 아라우나는 왕이 친히 자신의 집에 온 것이 황송하였습니다. 그래서 제단을 쌓는다고 하자 집 안의 것을 마음껏 쓰시라고 대답합니다. 그러나 그때 다윗은 이렇게 대답합니다. 내가 값없이 제사를 드리지 않겠다. 다윗의 대답을 통하여 진정한 예배가 무엇인지 생각하게 됩니다. 우리의 예배는 드리는 것입니다. 가장 귀한 것을 드리는 것입니다. 하나님께 우리의 마음과 정성을 모두 드리는 것입니다. 다윗은 넉넉히 그 댓가를 치루었습니다. 하나님을 기쁘시게 해드리는 것에 인색하지 않았습니다. 단을 쌓고 번제와 화목제를 드렸더니 여호와께서 들으시고 재앙을 그치셨습니다.

우리가 순종으로 드리는 예배는 하나님께서 받으십니다. 예배에는 정당한 댓가가 필요합니다. 우리의 힘과 마음과 정성이 드려져야 합니다. 그럴 때에 진실한 예배는 하나님의 기쁨이 되고 응답이 됩니다. 날마다 삶 전체가 하나님이 기뻐하시는 예배로 드려지기를 소망합니다.

말씀의 가지

메시아의 전형인 다윗

하나님은 다윗과의 언약을 통해 다윗의 혈통을 통해 궁극적으로 하나님 나라를 통치하게 될 메시아의 도래라는 이상을 나타내 보이셨다(삼하 7:4-17). 이러한 사실에 기초하여 성경에서는 다윗과 메시아의 상호 연관성을 언급하고 있고 히브리인들은 다윗의 후손으로 오실 메시아를 대망했다. 특히, 예언서에서는 다윗과 메시아의 일체성을 시사하고 있고(사 9:7; 16:5, 렘 23:5, 33:15, 17; 겔 34:23-24; 호 3:5), 또 회복될 이스라엘의 영광을 다윗 왕국의 재건과 연관시키고 있다(암 9:11; 슥 13:1). 그 외에도 구약에서는 메시아의 전형으로서 다윗과 그의 왕국에 관한 예언들이 여러 차례 소개된다(민 24:17-19; 대하 13:5, 21:7; 사 22:20-25; 렘 23:5). 한편, 신약에서 예수 그리스도는 다윗의 자손이라 분명히 밝힌다(마 1:1, 12:23; 막 12:35; 눅 20:41; 롬 1:3; 딤후 2:8; 계 22:16). 그리고 예수는 다윗의 상속자요 다윗의 뿌리이며(계 3:7, 22:16), 예수에게서 다윗에 대한 하나님의 언약이 온전히 성취되었음을 가르친다(눅 1:32, 69; 행 2:29, 34, 13:36-37).

(라이프성경사전 (생명의말씀사 2006), 다윗)

말씀의 꽃 · 나만의 일독 큐티

말씀의 열매 · 기도제목

주일 설교 노트

날짜 . . .

주일 설교 노트

날짜 . . .

주일 설교 노트

날짜 . . .

주일 설교 노트

날짜 . . .